创意经济与管理

CREATIVE ECONOMY AND MANAGEMENT

Vol.3 2017 (1)

主编

厉无畏

执行主编

沈蕾 王千红

长三角城市经济协调会创意经济合作专业委员会

上海市创意产业协会创意经济专业委会员

东华大学管理学院创意经济与管理中心

东华大学出版社·上海

本出版物内容由大师观点文摘、学术研究论文和创新故事构成。

创意经济浪潮席卷全球。 创意作为智力激发，对所有领域都会产生影响。 厉无畏教授作为国内第一人强调创意将通过无边界渗透，革新发展观，创新地将中国创新驱动的经济发展模式提升为"创新＋创意"双驱动，促进经济转型发展的模式。 厉无畏教授长期担任东华大学旭日工商管理学院名誉院长。 作为主编组织编写了国内第一本《创意经济与管理》读物，以期汇聚创意经济资源、展示创意经济成果，打造"传播创意经济术与业、学与道、理念化与产业化等融合交流展示"平台。

本出版物选登的文章以厉无畏教授的《创意改变中国》一书的文摘为思想引领，汇聚学术界成果和产业界经营故事，反映创意思想的演变与衍生，研究创意驱动下的产消者行为、共享经济的价值共创的路径与可能的问题，挖掘在不同领域坚定地探索科技创意和文化创意推动经济发展的路径的创意故事。 研究主题通过分析创意经济思想引领下的产消者、智慧旅游、生态农业产业化发展的可能和机会，也通过探索创意城市发展的实践经验、创新政策、智慧旅游产业等创意与创新对接的方式，反映经济供给方式的全新变化。

图书在版编目（CIP）数据

创意经济与管理. 2017.1 / 厉无畏，沈蕾，王千红主编.—上海：东华大学出版社，2017.10
ISBN 978－7－5669－1295－4

Ⅰ.①创... Ⅱ.①厉... ②沈... ③王... Ⅲ.①文化产业—管理体制—研究—中国 Ⅳ.①G124

中国版本图书馆 CIP 数据核字（2017）第 239593 号

责任编辑：杜亚玲
装帧设计：潘志远

创意经济与管理
Chuangyi Jingji Yu Guanli

东华大学出版社出版（上海市延安西路 1882 号，200051）
出版社网址：http://www.dhupress.net
天猫旗舰店：http://dhdx.tmall.com
苏州望电印刷有限公司印刷
开本：890mm× 1240mm   1/16
印张：8.75   字数：320 千字
2017 年 10 月第 1 版   2017 年 10 月第 1 次印刷
书号：ISBN 978-7-5669-1295-4
定价：42.00 元

001　大师观点

创意改变中国 / 厉无畏　001

目录

008　译文

产消活动：是进化，是革命，还是原始的回归？　[美] George Ritzer / 田佳勉 译　008
数字化社会中的产消者 / [意] Piergiorgio Degli Esposti / 杨　帆　杨　帅 译　023

032　论文

共享经济主导范式下长三角创意产业价值共创研究
——基于园区组织生态圈视角 / 沈　蕾　张　悦　032
分享经济的内涵、现状与商业模式 / 吴晓隽　方　越　沈嘉斌　043
互联网思维与旅游业转型升级发展 / 潘文焰　051
智能制造时代纺织服装产业的转型之路：云生态 / 马　彪　沈　蕾　李义敏　055
中小企业股权众筹融资效率评价研究
——以"大家投"平台为例 / 王千红　赖卢钰　064
创意经济视角下规避旅游产业同质化陷阱的路径研究 / 陈　叶　077
基于全渠道模式下的生鲜农产品运营策略分析 / 孟继志　王兴凡　彭连贵　087

095 创意故事

创意文化助南翔智地改天地　创新经济促千年古镇换新颜

————访上海南翔智地、上海南翔创业投资有限公司总经理　郭耀华　095

一手理智谋价值　一手情怀容人性

————访颐成投资管理公司总经理、青年作家　王建成　103

铸造时尚创新模式，开启裔绘体验式营销

————访上海裔绘（时尚）电子商务有限公司CEO　姜　蓓　108

创意铸就卓越　创新实现跨越

————访上海趣搭网络科技有限公司CEO　覃兆梅　113

121 创意活动

众筹创意·共享互联·服务社会

————2016年上海世界创意经济峰会国际论坛顺利举办　121

行走的文化：长三角文化创意之都国际巡礼活动　124

长江三角洲城市经济协调会　创意经济合作专业委员会（CECC）简介　125

《创意经济与管理》征稿启事　129

Contents

001 Digest

001 Creative Idea Change China / Li Wuwei

008 Original Paper

008 Prosumption: Evolution, Revolution, or Eternal Return of the Same? / George Ritzer

023 The Prosumer in the Digital Society / Piergiorgio Degli Esposti

032 Paper

032 Research on the Ecological Value Co-creation of Creative Industry Under the Sharing Economy—Led
     Paradigm / Shen Lei, Zhang Yue

043 The Content, Developing Status and Business Models of Sharing Economy / Wu Xiaojun, Fang Yue,
     Shen Jiabin

051 Internet Thinking and Development of Tourism Transformation and Upgrading / Pan Wenyan

055 Transformation of Textile and Clothing Industry in the Age of Intelligent Manufacturing: Cloud Ecosys-
     tem/ Ma Biao, Shen Lei, Li Yimin

064 Research on Crowdfunding Financing Efficiency of Smes
     Based on "Da Jiatou" Equity-based Crowdfunding Platforms / Wang Qianhong, Lai Luyu

077 Research on the Path of Avoiding the Homogeneity Trap of Tourism Industry Under the Perspective of
     Creative Economy / Chen Ye

087 Analysis on the Operation Strategy of Fresh Agricultural Products Based on the Whole Channel Mode
     / Meng Jizhi, Wang Xingfan, Peng Liangui

095　Creative Figure

095　Guo Yuehua, General Manager of Nanxiang Venture Capital Investment Company, of Shanghai

103　Wang Jiancheng, General Manager of Shanghai Yicheng Investment

108　Jiang Bei, CEO of Shanghai Yihui Fashion Co. LTD

113　Qin Zhaomei, CEO of Shanghai Quda Internet Co. LTD

121　Creative Activities

121　Review for 2016 Annual Summit on World Creative Economy

124　Introduction to "Walking Culture"

125　Introduction to CECC

129　Contribution Invited for Creative Economy and Management

CREATIVE
ECONOMY
AND
MANAGEMENT
VOL.3 NO.1,
2017

创意改变中国

厉无畏

摘要： "资本和技术主宰一切的时代已经过去,创意的时代已经来临。"这句从美国硅谷到华尔街的流行语,已经引起世界各国的共鸣,20 世纪 90 年代末兴起于发达国家的创意产业,在 21 世纪的中国大地正风起云涌,方兴未艾。在全球经济一体化的潮流中,创意经济引发的热浪正以前所未有的传播速度影响着中国各地的经济发展方式,改变着传统的经营模式,也革新着人们的观念和思维方式。创意产业正在改变崛起中的中国!

关键词： 文化产业;创意产业;创意经济

一、创意产业的缘起

创意产业,又叫创意工业、创造性产业、创意经济、文化产业或创造性产业等,其概念主要来自英语 Creative Industries 或 Creative Economy。是一种在全球化的消费社会背景中发展起来的,推崇创新、个人创办力、强调文化艺术对经济的支持与推动的新兴的理念、思潮和经济实践。

创意产业(Creative Industries)作为一个专有名词正式出现在文献中最早可追溯到英国文化媒体体育部 1998 年 11 月发布的《创意产业图录报告》(*Creative Industries mapping Documents*, *CIMD*),此报告正式提出并界定了创意产业的概念和具体的产业部门。英国是第一个定义创意产业的国家,但其定义无疑是受到了澳大利亚人的启发。1994 年,澳大利亚公布了第一份文化政

策报告(Creative Industries mapping Documents),提出了以创意国家(Creative Nation)为目标。此报告引起了英国政府的关注,英国政府立即派团赴澳学习、考察、取经,也因此有了创意产业的出台。

1997 年英国大选之后,时任首相布莱尔提出新英国这样一个构想,希望改变英国老工业帝国陈旧落后的现象。作为新英国计划的一部分的创意产业,在工业设计、艺术设计等领域有着崇高的地位。布莱尔还着手成立了创意产业特别工作小组(Creative Industry Task Force),并亲自担任主席,大力推进英国创意产业的发展,提倡与鼓励人的原创力在英国经济中的贡献。

可以说,英国和澳大利亚是创意产业发展的先行者。无论是澳大利亚正式提出创意国家的目标,还是英国大张旗鼓地推出创意产业政策,都并非空穴来风。随着全球化、信息化的发展,世界发达国家正步入后工业经济社会,面临着社会经济的全球转型,驱动经济增长的主导要

厉无畏,男,浙江东阳人,中国人民政治协商会议第十一届、第十三届全国委员会副主席,上海市创意产业协会会长,东华大学旭日工商管理学院名誉院长。 研究领域：创意产业、产业经济、数量经济。

本文摘编自厉无畏著《创意改变中国》,北京：新华出版社,2009。

002

素发生了结构性的变化,文化和人的创造力对经济发展的贡献率不断增加。创意产业所倡导的发展理念为世界经济的发展推开了一扇新窗,让人们能够看到在新的全球经济、技术与文化背景下,适应新的发展格局,把握新的核心要素,构建新的产业的一条光辉通道。这也是短短十年创意产业能够席卷全球,受到各国热烈追捧的深层原因。

(一)创意产业概念

何为创意产业?创意产业是不是产业?这些基本概念问题在学术理论界至今还存在争议。否定派认为,创意自古就有,并存在于各行各业,在产业分类中无法归类,创意产业是一种概念炒作,不能称为产业;还有些学者认为,创意产业即文化产业,只不过是用了一个新名词而已;倡导者认为,创意产业已经从其他产业独立出来,是在全球经济进入以知识为核心竞争的时代背景下的应运而生,并蓬勃兴起的新型产业。可谓仁者见仁,智者见智。

1998 年,英国创意产业特别工作小组在《英国创意产业路径文件》中首次对创意产业进行了定义,将创意产业界定义为:

所谓创意产业,就是指那些"源自个人创意、技巧及才华,通过知识产权的开发和运用,具有创造财富和就业潜力的行业"。

The definition of the creative industries:

The creative industries are those industries that are based on individualcreativity, skill and talent. They are also those that have the potential to create wealth and jobs through developing intellectual property.

由此定义出发,创意产业是指那些从个人的创造力、技能和天分中获取发展力的企业,以及那些通过对知识产权的开发可创造潜在财富和就业机会。创意产业是以创新思想、技巧和先进技术等知识和智慧要素为核心,通过一系列的活动,引起生产和消费环节的价值增值,为社会创造财富和提供广泛就业机会的产业。

创意产业这个概念在英国正式被命名,并在几年内快速地被新加坡、澳大利亚、新西兰等国家以及我国台湾与香港等地区调整采用。但在实际的政策运用或政府的产业统计中,由于各个国家和地区的经济社会发展阶段以及文化背景的不同,对创意产业内涵与外延界定存在一定的差异,概括起来大致有 3 种类型:

一是以英国和美国为代表的欧美型,其创意产业以文化产业为主体,较多地涵盖精神产品层面;

二是以日本、韩国为代表的亚太型,其创意产业以文化产业和产业服务(即文化创意为其他产业服务,以提高产业附加值和扩展市场)为主体,兼顾了精神产品和物质产品两个层面;

三是以中国内地为代表的本土型,其创意产业包括了文化产业和产业服务两方面,比较突出地强调物质产品是文化意义的承载者。

从覆盖的具体产业领域看,创意产业和文化产业存在着交叉和重复,主要区别在于文化产业强调文化的产业,而创意产业更加强调人的创造力,更加注重文化艺术对经济的渗透和贡献,它已经不是一般意义上的文化产业,不单单是人类精神生活的一部分,同时也是人类经济生活中最具活力的一个方面。

(二)创意产业的门类划分

纵观世界上不同国家或地区对创意产业的定义及包括的具体行业的划分,虽然有不同的说法,但不难发现:不管叫创意产业还是文化创意产业、创意工业,或者版权产业,首先提出创意产业概念的英国所指创意产业的 13 个行业;3 个外延领域包括旅游、博物馆和美术馆、遗产和体育。

The creative industries includes: advertising, architecture, arts, antiques markets, computer and video games,

CREATIVE
ECONOMY
AND
MANAGEMENT
VOL.3 NO.1,
2017

crafts, design, designer fashion, films and video, music, performing arts, publishing, software, television and ratio.

由于英国是最早提出创意产业概念的国家,因此它所做的分类得到了较广泛地应用。

* 美国:采用版权产业的提法

美国使用的是版权产业的概念,分为 4 类产业:

第一类是核心版权产业,是指创造享有版权的作品作为其主要产品的产业,包括电影、录音、音乐、图书报纸、软件、戏剧、广告及广播电视;

第二类是部分版权产业,其产品只部分享有版权,较为典型的是纺织品制造业、玩具制造业、建筑业等;

第三类是发行业,它们面向商店和消费者发行版权物品,如有关的运输服务业、批发与零售业等;

第四类是版权关联产业,其所产生和发行的产品完全或主要是与版权物品配合使用,如计算机、收音机、电视机等。

* 日本:立体的五类划分法:

日本的创意产业分为 5 类:

第一类是传统意义上的文化产业,例如图书出版、电视、唱片、电影等;

第二类是大众文化娱乐产业,包括体育类、兴趣类(烹饪、剪裁、娱乐、旅游);

第三类是艺术服务产业,主要指艺术演出和展览策划等;

第四类是文化信息传播产业;

第五类是大文化范畴内的文化产业,包括拳道、花道、陶艺、和服、美食等。

* 欧盟:向文化产业靠拢的界定

在欧洲使用更多的是文化产业的概念。根据文化产业不同的消费模式,分为集体文化行为、个人文化行为和个人兼集体文化行为。根据文化产业的经营特点将其分为由政府资助的公益性公共文化机构及设施、由社会各方自主的非营利性的文化部门、营利性的文化部门。2000 年,欧盟委员会又将出版业、音像业、电影电视制作业、广播及电视播放、表演艺术、新闻工作室、书籍杂志零售业等界定为对经济发展来说最为重要的文化产业部门。

* 中国香港:在英国分类基础上的微调

2003 年香港大学课题组在英国创意产业分类的基础上,加入创意产业生产系统及其社会象征意义的交流和生产的概念,把香港创意产业界定为广告、建筑、艺术品与古董及手工艺品、设计、数码娱乐、电影与录像、音乐、表演艺术、出版、软件与电子计算、电视与电台共 11个主要产业。

* 中国台湾:看中产业对生活质量的提升

我国台湾地区将文化创意产业定义为:源自创意或文化积累,透过智慧财产的形式与运用,具有创造财富与就业机会潜力,并促进整体生活提升之行业。其创意产业包括视觉艺术产业、音乐与表演艺术产业、文化展演设施产业、工艺产业、电影产业、广播电视产业、出版产业、广告产业、设计产业、数字休闲娱乐产业、设计品牌时尚产业、创意生活产业、建筑设计产业,共计 13 个产业。

* 中国北京:注重挖掘文化内涵的经济价值

文化创意产业是指依靠创意人的智慧、技能和天赋,借助高科技对文化资源进行创造与提升,通过知识产权的开发与运用,产生出高附加值产品,具有创造财富和就业潜力的产业。

北京市文化创意产业分类标准包括文化艺术、新闻出版、广播电视电影、软件网络及计算机服务、广告会展、艺术品交易、设计服务、旅游、休闲娱乐及其他辅助服务等 9 大类,下设 27 个中类、88 个小类。

上海市将"十一五"上海创意产业发展重点定为 5 大类,38 个中类,55 个小类。具体如下:

004

第一类是研发设计创意，包括工业设计、工艺美术品设计、软件设计等；

第二类是建筑设计创意，包括工程勘察设计、建筑装饰设计、室内设计等；

第三类是文化传媒创意，包括文艺创作表演、广播、电视、电影制作等；

第四类是咨询策划创意，包括市场调研、证券咨询、会展服务等；

第五类是时尚消费创意，包括休闲体育、休闲娱乐、婚庆策划、摄影创作、旅行等。

综上所述，可见创意产业脱胎于文化产业，又超越了文化产业。

二、创意产业的蓬勃兴起

纵观当今世界，创意产业风起云涌，形成巨大的创意经济浪潮，席卷全球。各发达国家和不少新兴工业化国家的创意产业，以其各自擅长的取向、领域和方式迅速发展，创意产业、创意经济的发展成为 21 世纪全球经济发展的未来趋势和关注焦点之一。约翰·霍金斯在《创意经济》一书中指出，全世界的创意经济每天创造 220 亿美元的产值，并每年以 5% 左右的速度递增，在一些发达国家增长的速度更快，美国每年增长达 14%、英国达 12%。创意产业正作为世界经济增长的新动力，引领着全球未来经济的发展；发展创意产业已成为当今世界经济发展的新潮流和众多国家的战略选择。

伴随着城市转型、需求升级和科技进步，创意产业蓬勃兴起。

（一）城市转型

在知识经济背景下，创意成为改变世界的重要力量。作为一个新兴产业，创意产业的兴起是社会经济发展到一定阶段的选择。城市在工业化社会向后工业化社会转变的过程中，其经济结构逐渐从生产中心向服务和创新中心转型。这种转型不仅为创意产业的萌芽提供了适宜的土壤，也为创意产业的发展壮大提供了良好的资金及环境条件。

（二）需求升级

随着闲暇时间的增多，人们精神文化需求的增长十分迅速，各类体现文化创意的物质产品正拥有越来越多的消费群体。比如，在人们日益呈现个性化、多样化文化需求的条件下，出现了适应市场的消费复合化的倾向，通过在设计、广告促销中进行新颖的创意设计，为各种产品打造体现青春、活泼、典雅、精致等不同特征的文化标记，从而使各方面的消费群体能够在选择中找到符合自己个性品位追求的文化特征，受到公众的欢迎和喜爱，增强了产品在市场上的竞争。没有需求就没有发展动力，创意产业的发展满足了人们的精神文化需求，也挖掘、拓展、提升着人们对精神文化的需求。人们的精神文化需求愈丰富、愈多样，创意产业的发展就愈具有深厚的社会基础和广阔的市场空间。

（三）科技进步

科学技术的迅速发展使得创意产业获得了强大的、多方位的技术支持。高新技术产业和现代工业的发展，对传统艺术方式造成巨大的冲击，如 MP3 对传统唱片业的冲击，网络出版对传统出版业的冲击。这些都直接导致了传统艺术形态的升级换代和更新，并突出表现为各类创意产业的数字化步伐日益加快。科学技术创造了大量崭新的艺术形式，开拓了新型创意产业领域。一些虚拟空间的出现，改变了人们的交往方式、活动方式和消费方式。创意产品具有天生的虚拟性，这使它比其他产业领域的产品更适合于网上或移动通信工具上生产、流通和消费。

CREATIVE
ECONOMY
AND
MANAGEMENT
VOL.3 NO.1,
2017

005

三、 创意，引领中国全方位的改变

（一）创意，带来观念的革新

创意改变中国，表现在创意产业是对传统产业发展逻辑的颠覆，它树立了一种新的产业发展观，是思想观念的功能转变。

1."无边界产业"，一种新概念的诞生

创意产业的根本观念，是通过"越界"促成不同行业、不同领域的重组与合作，是一个全新的产业发展概念，在产业价值链体系中，创意产业是处于上游的高端产业，可以与第一产业、第二产业和第三产业相互融合。这一概念的诞生，其意义不在于对其所涉及的产业内容进行重新分类统计，而在于强调在新的全球经济、技术与文化背景下，创意产业作为独立的产业概念及其对整个经济增长和产业结构演变的影响；在于强调在新的发展格局下，对经济增长新核心要素的把握，以及对新的产业结构通道的建构；更在于强调在创意经济时代对思维方式的转换，对经济发展模式的创新。

2.创新和创意：推动经济发展的双引擎

创意分为两种：文化创意和科技创意（通常称为科技创新）。在经济社会已经进入到知识经济发展阶段的今天，知识产业成为经济的主产业，知识创新力称为经济发展的主动力，而文化创意和科技创新称为知识经济的核心，是提升产业附加值和竞争力 的两大引擎，是经济增长的"车之双轮，鸟之双翼"。

科技创新在于改变产业与服务的功能结构，为消费者提供新的、更高的使用价值，或改变生产工艺以降低消耗和提高效率；而文化创意为产品与服务注入新的文化要素，如观念、感情和品味等因素，为消费者提供与众不同的新体验，从而提高产品与服务的观念价值。从以人为本的角度来看，科技创新是通过效率的提高使人拥有更多的自我时间；而文化创意则是通过内容的创造使人在有限的自我时间中拥有更精彩的体验。

3.创意，开启蓝海战略的钥匙

长期以来，竞争和竞争优势一直是企业战略管理所关注的核心问题，如何向消费者提供新的价值元素呢？当前蓬勃兴起的创意产业，成为开启蓝海战略的一把钥匙。创意产业为消费者创造出了不同于以往"使用价值"的新概念——"观念价值"，同时它还具有很强的渗透力和广泛的融合性，即它能与各行各业相互融合、渗透。这种融合性就把技术、文化、制造和服务同为一体，既有利于产业的延伸，又大大地拓展了城市产业的发展空间。

（二）创意，将智慧化为财富，改变每个人

对整个社会的改造和更新才是创意产业的最高境界，创意产业是在发展经济的同时发展社会，发展每一个人的创造力和潜能。

创意产业的本质是以智力资源为依托的知识经济，是文化在精神产品与物质产品领域的创造力，它使人的积极性、主动性、创造性得到充分发挥，实现人的全面发展。当今世界，真正的财富是思想、知识、技能、管理才能和创造力，它来自于人们的头脑。也就是说，创意时代最大的特色是创意，创意离不开高水平的创意人才，创意人才是创意时代的智力源泉和发展动力。创意经济在全球的蓬勃发展为转型中的中国创造了历史性的机遇，那就是每个人都有机会通过发展个人的创造力、智慧和潜能，来创造新时代的财富神话。命运，因创意而改变。

（三）价值链取代产业链——创意企业赢利模式的密码

创意改变中国，还表现在基于创意产业价值链系统的价值逻辑，可以帮助创意企业找到适合自己的赢利模式，实现创意的价值最大化。

创意产业的发展模式打破了基于传统产业链的模式，而是着重于构建产业价值链系统，通过创意产业的价

值创造、价值捕捉、价值挖掘到价值实现,以实现创意产业的价值最大化。创意企业通过价值链分配来组织生产流程,在创意、技术、产品、市场有机结合的基础上构建起完善的产业系统,形成所有产业提供创意服务的产业群,即一个包括核心产业、支持产业、配套产业、衍生产业为一体的产业系统,从而带动一批产业的兴起,构筑创意产业实现的价值体系。其中,观念价值的"一意多用"是创意产业价值倍增、财富迅速积累的主要方式,是企业在创意经济时代获得成功的密码之一。

(四)创意产业,促进中国经济发展方式的转变

创意改变中国,在产业层面上表现为创意产业能够有效地促进经济发展方式的转变。创意产业具有高渗透性、高增值性及其高融合性的特征,通过资源转化模式、价值提升模式、结构优化模式和市场扩展模式,可以促进中国经济发展方式的改变。

1. 资源转化:缓解粗放型增长后的资源损耗

人通过自身主体智力资源的开发,即创意的运用,能够将各种人文、有形和无形的资源有效地转化为经济发展的资本,同时促进经济、文化和社会等各类资本之间的相互转化,使经济发展能够更多地依靠文化资本和社会资本等软性要素的驱动。此外,通过开发"人脑"这个主题资源,实现"无中生有"和"有中生无"的创意转化,用无限的创意突破有限的资源约束,促进经济发展向软驱动方式转变。

2. 价值提升:从"中国制造"走向"中国创造"

观念价值创造差异化,具有巨大的利润空间,有创意决定的产品差异性,对创造高附加值的贡献,远远超过产品质量的贡献。创意产业既是产品观念价值的创造者,也是产业高附加值的来源。对中国而言,持续至今的"Made in China"(中国制造)模式使中国长期以来受制于固有的制造业发展框架,所以,"提高自主创新能力、建设创新型国家"口号的提出将是中国"走出去"战略由量

变到质变的重要一步。

3. 结构优化:让传统产业再上"新台阶"

创意产业对产业结构的优化大致有两个层面:一是对传统文化产业结构的优化。依靠人才的智慧、灵感和想象力,借助于高科技对传统文化艺术资源的再创造、再提高。二是对传统产业机构的优化,涵盖了第一产业、第二产业和第三产业的各项内容。在都市农业中,由于现代创意旅游的融入,农业结构发展发生了巨大变化,种植功能逐渐淡化,收入逐渐减少,而观光、旅游、生态功能逐渐增强。创意产业中的工业设计不仅增加了制造业的附加价值,也使产业结构趋于柔性化,大大提升了企业的核心竞争力。

4. 市场扩张:文化创意助推产品"走俏"

在知识经济社会,产品竞争的实质是通过产品所倡导或体现的文化来影响或迎合公众意识形态、价值观念、生活习惯等,从而使公众接受某种产品。正是由于产品所包含的文化个性、文化精神,才促使这一产品在一定的消费区域和消费层次里增值、走俏、辐射。可以说,文化是产品进入市场的权威"准入证"。创意产业的文化底蕴具有很强的辐射性,可以推动产品热销。可见,创意产业的这种柔性特征在拓展市场方面的作用显著。

(五)创意经济,改变城市面貌、引领城市创新的力量

创意产业与城市发展的互动、互融与互促成为当今城市发展的一个重要特征,可以说,在知识经济社会中,没有任何一个产业像创意产业这样依赖城市的空间和资源,也没有任何一个产业像创意产业这样能够为城市经济的发展带来如此强大的推动,创意产业对城市的促进体现在城市文脉的延续、城市产业的升级、城市资源的转化和城市环境的优化等多方面。

"旧厂房里的新创意"避免带来城市文脉的中断,不仅保留了具有历史文化价值的建筑,而且为城市增添了

CREATIVE
ECONOMY
AND
MANAGEMENT
VOL.3 NO.1,
2017

007

历史与现代交融的文化景观,对城市经济的发展产生了巨大的推动作用。创意产业已经成为城市经济的一种新形态,创意展现的是思维与观念的力量,对于市场来说,它是都市活力与生命力的催化剂,是一个城市发展的力量和源泉,能够为城市带来巨大的经济效益和社会效益。创意产业发展能够提升城市文化品位,塑造城市形象和品牌;同时也能催生城市内在布局优化,重绘城市地图,使城市形成有各种特色城区。

（六）创意经济,缔造创意社群,改变社会生活方式

城市成功的秘诀,在于对"物"的关注转向对"人"的关注:大力吸引富有才干和创意的人才集聚,促进创意社群的构建,形成别人无法替代的巨大竞争力,这才是关键所在。创意社群就是这样一种指向"人"与"城市/社区"相结合的有机组织。

中国发展创意经济,建设创意城市,一个重要的任务就是重组社群,以配合全新的知识型经济社会的发展。建立以"创意社群",即一个能充分利用文化、艺术、产业和社区之间重要联系的社群,在互动互融的过程中主动投入人力资源和财力,为城市做好能面对迅速发展的后工业时代和知识型经济社会所带来的巨大挑战的准备。创意社群的形成,必然带动一个城市的经济朝着更高层次、可循环的方向发展。创意社群的形成,将推动城市朝着更和谐的状态、更高的文明程度发展。

目前,中国创意产业还处在发展初期,各个城市在审核社会创意资源、积累创意资本、促进创意产业发展的方面还显不足。创意经济的形成,从人才培养到城市转型,都将是一个很长的发展历程,这就更需要我们高瞻远瞩,顺应当前的全球经济发展趋势,高度重视创意产业发展对中国未来经济增长和社会协调发展的重要贡献,坚定发展信心,把握时代机遇,结合自身特色并充分发挥自己的优势,大力发展创意产业。

创意改变中国,是理想,更是现实!

Creative Ldea Change China

Li Wuwei

Abstract："Capital and technology dominating the era of all is over". This popular word from Silicon Valley to Wall Street, has caused the resonance of the world, at the end of 1990s from the developed countries in the creative industries, and surging, ascendant in China. In the trend of global economic integration, The heat wave caused by the creative economy is affecting the economic development of china, Changing the traditional business model, and changing people's ideas and ways of thinking. Creative industries are changing the rise of china!

Key Words：Culture Industry；Creative Industry；Creative Economy

008

产消活动：是进化，是革命，还是原始的回归？

［美］George Ritzer　田佳勉　译

摘要：产消活动，作为生产与消费相关联的过程，越来越随处可见，尤其是人们通过互联网进行的产消活动。例如维基百科或是亚马逊网站上的订单等。但产消活动到底是什么呢？它是从近代人类的行为习惯演化而来的吗？或者说它是一场崭新的革命？再或者它只是我们平常一直在做的事情？实际上它是三者兼而有之。除了面对这些问题和对什么是产消活动而不再单纯只是对生产或者消费的概念进行抽象，本文对产消活动的未来进行了反思，沿用过去创建的传统概念、范例、理论和方法来对看似集中于生产或消费的时代现象和过程进行分析处理。

关键词：产消活动；消费；生产；数字化；原始的回归

现在的人们有能力对日常生活中的一系列重要而紧密相连的变化从整体上做一些处理，特别是当这些变化与经济相关联时。生产领域中的变化常常被人们所关注，且趋势见长，而对消费领域变化的关注则显得不够充分。并且，"产消活动"这一生产和消费紧密相连的过程本身却没有被注意到，在很大程度上不仅学者们对此视而不见，就连那些深深卷入其中并深受其影响的人们，也对此视而不见。

对产消活动视而不见的理由有以下几条。与产消活动相关的社会变化难以引人注目（例如在快餐店清理自己用过的剩余食物）。另外，它们不断出现在许多不同的经济领域里，从更广义的层面上讲，发生在不同的社会领域里（如机场，互联网等不同的领域）。这就不仅很难看到他们彼此之间的联系，同时也很难看出它们本身就是一些巨变中的一部分。

由于它们在很大程度上不被民众和学者所认知，因此这一现象和变化直到今天还没有被研究，没有发展出相关的理论甚至概念。由于没有一个明确的概念或者一组概念来描述他们，学者，甚至民众就无法从这些多样的变化以及由此而派生出来的现象中辨识出它们的共性和关联。

从 20 世纪 80 年代开始，学者们开始陆续地对这些变化进行概念化工作，他们很快就创建出了一系列不同寻常的概念，但常常只能应对不断变化的经济和社会以及由此而发生的现象中的一部分。随着过去的几年里这些概念的数量不断增加，它们的数量和多样性反而阻碍了学者和民众对各种发生的变化和经验现象在共性层面的认识。

率先对产消概念化工作做出重大贡献的是通俗文学作家兼未来主义者的 Alvin Toffler（1980；Toffler and Toffler，2006），对于许多学术圈里的人来说，由于他的提法没有经院学术的基础，而且这个想法看起来也缺乏严谨性，因此 Toffler 的工作没有对学者们产生很大的影响。

但他作为一个未来学家走在了事物的前面，尤其是在当时互联网处于起步阶段时，他就萌生了产消行为这

CREATIVE
ECONOMY
AND
MANAGEMENT
VOL.3 NO.1,
2017

009

一概念。20 世纪 80 年代他的作品《第三次浪潮》中就专门探讨了产消的问题,而且那还只是他关于《第三次浪潮》和社会的剧烈变化大讨论中的一小部分。其中的一些重磅的论点得到了公众广泛的关注,并由此引发了巨大的争议。产消活动的概念最终在更广泛的话题和围绕着它的相关争议上全面消逝了。产消活动的概念未能对民众和学者产生更多的吸引,尽管随后发生的现象的扩大化更加明显地围绕着产消活动。从生产和消费脱离出来的一股社会重大变革力量不但朝产消方向奔去而且开始加速前进了。

Toffler 的工作唤起了人们对产消的认知,同时只是作为它的部分结果,许多不同领域的学者开始更加关注所涉及的变化。在这一过程中,他们或者使用或者创建了一些其他的概念来处理它们。这最终产生了一系列类似的概念,反过来又至少部分地导致了他们在一系列相似概念上的共同错误。这其中的想法有:DIY (do-it-yourself) (Watson and Shove, 2008);工艺消费 *craft consumption* (Campbell, 2005);对抗赛 *Pro-Ams* (Lead-better and Miller, 2004);共创 *co-creation* (Prahalad and Ramaswamy, 2004a, 2004b);服务导向逻辑观 *service-dominant logic* (Vargo and Lusch, 2004, 2008);大众生产 *commons-based peer production* (Benkler, 2006; Benkler and Nissenbaum, 2006);价值共创和服务导向逻辑的协同资本主义 *collaborative capitalism involving both value co-creation and service dominant logic* (Cova, Dalli and Zwick, 2011);大众开源代码 *crowd-and open-sourcing* (Howe, 2009);让消费者工作 *putting customers to work* (Ritzer, 1993);维基经济——部分基于商业促使消费者在网上工作的想法 *wikinomics based at least in part on the idea that businesses put consumers to work on the internet* (Tapscott and Williams, 2006);消费投产的彻底崩溃 *the complete collapse of consumption into pro-duction* (Zwick and Knott, 2009);Laughey 的 (2010) 生产性消费 *productive consumption*;以及生产者 *the pro-duser* (Bird, 2011; Bruns, 2005, 2008).随着相关概念的丰富和扩展(产消活动这一概念对于全方位理解不断变化的经济和社会现象显得尤为盛行且实用)。

尽管对产消活动的研究工作在不断跟进(包括相关的想法),但它仍然是一个细分的概念并且不为广大研究者所知。关于产消概念不可见的一个关键因素在社会和经济领域中的事实是,生产和消费已经是有主导地位的概念,它们无所不在和如此强大并强烈地左右和限制着学者和人们看到这些词汇时的感觉和想法。结果,人们基本上看不到产消活动在整个经济和社会中已经是相当普遍了。尽管如此,生产和消费的主导地位还是导致了产消概念的普遍认可和流行(相比上述其他类似的概念),毕竟它涉及生产和消费者两个概念的融合。然而,鉴于此时的概念主要是基于经济性因素的,这时的产消活动概念限制了我们看得更广和理解得更广的能力,特别是对这一过程的其他非经济性维度(例如,他们是如何利用媒体和媒体研究成果的)。

一、理论综述

一直以来审视经济问题时学者和民众都有一种"生产偏好"(Ritzer and Slater, 2001),最近关于此类偏好的例子主要集中在互联网上(参见 Scholz, 2013)。结果,他们倾向于牺牲研究消费和娱乐(以及休闲)也要集中于研究生产和工作。然而,他们对后者的研究至少在第二次世界大战结束后的几年看不出有多大的意义。

他们之中大多数研究经济的人很少认识到和承认消费的重要性,更不要说正视这一问题。消费(更进一步说是娱乐)最好的情况是被视为不值得研究的事,最坏的情况则被认为是一种带有浪费性质的社会实践(Veblen,

010

1899/1994)。而生产受到如此大力推崇则是缘于工业革命的爆发，以及工厂本身身兼生产各种物品和生产者工作的场所，其重要性得到显著提升。资本主义经济体系赋予了工厂以及发生在其中的积极有效的工作极大的价值和意义，但是在其早期阶段，却对消费领域的重视相对不足。

重视生产的相关论述可见于古典社会理论家的著作中，最出名的是卡尔·马克思（以及亚当·斯密）。马克思关于资本主义理论的核心——劳动价值论指出生产（工作，劳动）使得商品有了价值。消费，尤其是消费者的"需求"在商品的价值中无足轻重，因为决定价值的只有劳动。马克思认为无产阶级生产性的工作，即劳动最重要（对应的是他们没有得到适当的回报和被资本家剥削的事实）。韦伯 Max Weber（1904—5/1958）在他最著名的《新教伦理与资本主义精神》（*The Protestant Ethic and the Spirit of Capitalism*）这本书中，非常明确地强调了生产（此论点亦散见于他的关于世界主流宗教及其关系阻碍了西方世界之外的资本主义崛起的作品中）。其关注点是新教（尤其是加尔文）在西方资本主义精神的崛起和资本主义本身的最大化（或者从更一般的层面上讲是一种合理化的经济）过程中的作用。Weber 的生产主义偏好在他那本被严重低估的主要阐述西方的理性资本主义经济发展以及在世界其他地方这种经济发展所遭受到障碍的作品——*General Economic History*（1927/1981）中更加展现无疑。Durkheim 则对集体观念和集体道德表现得比他对经济更感兴趣。例如，他将社会主义看做是一项旨在通过科学道德活动实现社会道德复兴的运动（Durkheim，1928/1962）。他的关于经济的最系统的思考可以在 *Labor in Society*（Durkheim，1893/1964）这本书的分册中找到。他的终极理念是明确的，他强调经济服务能够提供给我们的东西与它同时产生的道德效果相比是微不足道的，而实际上其真正的功能是创造两个人

或更多的人之间团结的感觉［参见《现代劳动分册》］（Durkheim，1893/1964：17）。在机械团结模式中，人们因为通常要从事相同的工作，并承担相同的责任而结合在一起。而在有机团结模式中，人们则彼此需要，因为他们从事不同的工作，并承担不同的责任。机械团结模式中的人们关系紧密，因为人们倾向于分享强大的集体意识，而在有机团结模式中，人们之间的关系紧密程度则相应减少了，因为集体意识较弱。此时就经济而言，关注点着重在人们做了什么（也就是他们做的什么工作），而不是他们作为消费者的角色。类似地，在论及处理有机团结模式下的集体良知的弱点的建议时，Durkheim（1893/1964：5）倡议采用职业协会组织或一种能够涵盖"同行业代理联盟"的组织。Rosalind Williams（1982）则在他的著作中把 Durkheim 描述的职业协会组织称作是生产者在经济生活中占统治地位的典型模式。

在所有古典理论中，Thorstein Veblen（1899/1994）关于消费的理论最出名，尤其是他给出的"炫耀性消费"概念。然而，这项工作却在 Veblen 的著作中占有独特的地位，否则 Veblen 就只能仅仅致力于研究与生产相关的事宜了。Veblen 关于生产研究的优先级顺序是从他的对人性的假设开始的，尤其是关于"工艺的直觉"的提法。这种直觉是一种与"实际的方法、途径和手段，有效率和经济的装备和发明，熟练程度，创造性的工作和对事物的技术性的把握……一种苦中作乐的倾向"相关联的直觉（Veblen，1914/1964：33）。这种工艺的直觉体现在个体劳动者的技术效率以及作为整体的整个社会的技术熟练程度和成果中（也就是所谓的"工业艺术"）。Veblen 的大部分工作是致力处理他所谓的"商业"和"工业"的冲突。所谓与工业相关的因素总是希望变得越来越有效率，但它们却总是被那些以商业及其利益为导向的因素所打败，即追求高利润和低成本，而不是更高的效率和更好的工艺。这样一来，商业领袖们常常选择保持较少和较低

CREATIVE
ECONOMY
AND
MANAGEMENT
VOL.3 NO.1,
2017

011

水平的生产来维持较高的利润。

社会理论家和社会学家的生产偏好没有局限在经济范畴,社会生活的其他领域也有重生产轻消费的倾向。例如,从以家庭为单位的生产性贡献来说,男人在劳动力层面被赋予了重要意义。甚至在妇女大量进入劳动力大军之前,"女人把持家务的观念"导致人们只看到女人为她们的家庭所干的家务活(Welter, 1966)。这些家务活以及连带的家庭消费功能,在劳动力层面与男人的贡献相比就是次要的了。

古典理论思想家沿袭并生活在关于消费者的整体想法要么不存在要么还没有发展开来的世界里。在一本详细描述消费者历史谱系书里,Frank Trentman(2006: 23; italics added)说:"在 18 世纪的文献中我们几乎看不到关于消费者的论述。网上收集到的 150000 篇 18 世纪的文献中带有消费者的论述的只有 7 篇……甚至在法国大革命之后,当统治者考虑消费者的利益时,相对于土地、生产和贸易为代表的社会地位和国家利益,它只是被赋予了微不足道权重而已。"

在 19 世纪初期,对消费者的概念使用的也很少,且通常意指"使用,浪费和破坏的物理的或形而上学的过程"(Trentmann, 2006: 26)。直到 19 世纪 90 年代,"对消费者的学术追求启动了"(Trentmann, 2006: 29)。所有这一切都说明,古典理论家们工作的环境正是消费者的整体构想尚未开发或有待开发的环境。这样一来,他们不仅被吸引到发生在他们身边的生产革命面前,同时也认识到他们缺乏的正是那种强烈的通过消费来反向平衡强调生产倾向的意识。然而,这并不是说古典思想家们没有意识到消费。

马克思对此就非常清楚,例如他说为了使生产发生就要消耗各种不同的生产资料(生产性消费。比如,原材料,以及让劳动力在生产过程中发生作用的工具和机器)。可以说"使用价值"就是关于消费的一切(一件商品只有当它有使用价值时才会被生产出来,一件商品也只有当它是有用的才能被消费)。更进一步地,马克思指出 C-M-C(货币—商品—货币)循环与被消费的商品的交换相关(对应的 M-C-M[货币—商品—货币]循环,则与促使连续扩大生产的资本利润的运动相关)。

Weber 在其关于新教伦理的著作中对消费的关注达到了这样的程度,极力推崇新教徒的尚俭倾向,即消费的越少越好。Colin Campbell(1987)则认为从历史上看,Weber 的观点很有待商榷。他接着澄清了 Weber 在这个问题上的一个主要的局限,即随着时间的推移,新教伦理实际上也产生了一种与早期资本主义(生产主义)伦理并行的消费主义伦理。

Williams(1982)把 Durkheim 所谓的道德危机解释为一种涉及消费者的危机,但她认为,Durkheim 对这场危机的反应还是聚焦在生产者领域的(包括职业协会在解决这场危机中的作用)。即便是在 Durkheim 后来的作品中,将宗教尤其是宗教的道德及其禁欲主义看作至少是对消费的一种约束。

Simmel 因为他对微观社会学领域的反应形式和反应因子的研究而广为人知,至少在他的某些研究里他就是这么处理经济问题的。他在该领域最出彩的著作《货币哲学》The Philosophy of Money(Simmel, 1907/1978)中就专门研究了资本主义和货币经济所造成的问题(比如愤世嫉俗,倦怠增加的非人性化)。有趣的是,他的这项表面上看起来与生产问题更相关的研究(合理的市场发展)实际上却与消费更贴近。

正如其文章标题所暗示的,Simmel 关注的货币经济包括与它相关联的许多畸变。例如,货币的快速循环诱使人们花费并在此过程中获取货物和使用一系列的有偿服务。随着货币的重要性日益显得突出,一定的具体数量的金钱,当它只是一个较小的数额时,就显得无足轻重。结果,它就更容易被花掉。货币的符号形态,特别是

012

当它与前人物物交换的模式相对照,使得人们进入了 Simmel 所谓的"冲动型陷阱"。这可能意味着人们为了能够达到期望的消费水平而花费了超出其承受能力的金钱(超支消费)并因此负债。在 Simmel 生活的时代获得借贷是相当困难的,而在今天却变得很容易。例如,信用卡(Ritzer, 1995, 2012;Manning, 2001;Marron, 2009)以及其他形式的便捷授信。因此,Simmel 可以被看做是意识到债务和疯狂消费的负面作用进而能预测到 2008 年的经济大衰退以及其挥之不去的影响的第一人。

Simmel 在他著作的许多地方,尤其是他的诸多论文里,直接或间接地谈到了消费。他的关于时尚的论文(Simmel, 1904/1971)让我们看到了与时尚内部和外部的不断变化相连着的巨大的消费潜力。总体来说,他对"目标文化"(Simmel, 1921/1968)的整体考量也通过不同的方式与消费相连。一方面,消费需求成为目标文化的一部分推动着个人向永远更多的消费的方向发展。另一方面,作为目标文化的一部分,压力消费应该与人们渐行渐远且越来越难以控制。事实上,它倒是越来越有可能控制人们,并导致人们往超支消费的方向发展。Werner Sombart(1913/1967)比他的同行更加关注消费问题,尤其在 *Luxury and Capitalism* 一书中。在该书中,他石破天惊地提出奢侈品的消费在资本主义崛起中起到了核心作用。尽管这些是例外,但古典理论家缺乏对消费的强烈认识,这导致了很多后果,但从这篇文章的角度来看最重要的是,如果不能把对消费的感觉和认知作为对生产的关注的补充,古典理论家们是无论如何也发展不出产消的概念的。

总的来说,生产从工业革命伊始就成了一种主导地位的概念。即使今天工业的重要性在许多发达国家比美国已经开始日益下降了,但生产理论仍然十分重要并与实际生产工作密切相关。而工作,更一般地来说,是较少以消费的重要性的增长为中心的,因为这种增长毕竟或多或少地与工厂及其相关的工作岗位的消退相吻合。撇开这些变化不谈,生产(以及工厂)依然显得很重要并在大众和学者的想象中保有其一席之地,因而我们施行的仍然是生产主义的偏好。

二战后,消费在经济上的重要性有所增长,并类似生产概念逐渐地发展成为另一种主导概念。现在,消费占到了美国经济的 70% 以上,因此现在它在经济以及其他诸如家庭的生活层面里与生产一样占有一定的地位是很自然的。鉴于这样的变化,一些社会理论家开始从生产主义偏好转向消费主义偏好(e.g.Galbraith, 1958)。Jean Baudrillard 以《消费社会》*Consumer Society* 为代表的作品在关于这种关注转变的讨论中独树一帜。有趣的是,抛开这一课题不谈,Jean Baudrillard 却仍然认为生产重于消费。然而,从这篇文章的视角得出的关于消费的核心观点还是显示在 baudrillard 写的一本预测 20 世纪将从生产主导型社会转变成消费主导型社会书的标题里。Baudrillard 认为资本家认识到 19 世纪的对规范劳工的推崇在现代已显得不够了。20 世纪则有观点认为,是否消费,消费多少以及消费什么不应该由消费者决定(Bauman, 1992takes a similar position)。在许多方面,这实际上只是一种对古典理论家的理论镜像。后者几乎只关注生产问题(或者说只是把他们对生产与消费的分析分解到不同的作品中去[Veblen, Sombart])。20 世纪后期有一些理论家和经验主义者又几乎只关注消费问题。事实上,许多领域兴起了对消费者和消费的专门研究(例如:*anthropology*, *sociology*, *marketing*),比如一些专门研究消费问题的期刊(例如:*Journal of Consumer Culture*;*Journal of Consumer Research*)。2013 年美国社会学协会成立了消费者和消费的新部门。

这与 Baudrillard 著作中的启蒙思想,以及和我们从现代社会到后现代社会转变过程中经历的或正在经历的观点有关。各类因素中,与现代世界关联最深的是生产,

CREATIVE
ECONOMY
AND
MANAGEMENT
VOL.3 NO.1,
2017

013

而与后现代世界关联最深的则是消费(Ritzer, Goodman, and Wiedenhoft, 2001)。基于此 Bauman 认为社会关注的是马克思这类古典理论家研究工作的基础,即其中从事工作的社会成员基本上都是"生产者"。相比之下,"近代,次现代或后现代阶段,当然还是从基本的层面上将其社会成员看做是消费者"(Bauman, 1998:24)。甚至, Bauman 还讨论了"从生产者社会到消费者社会的通路问题"(Bauman, 1998:24)。的确,消费文化的崛起被视为后现代世界的标志之一(参见 Featherstone [1991]的《消费文化与后现代主义》Consumer Culture and Postmodernism)。

核心问题在于在过去的几十年中生产和消费这两个概念已经如此深刻地主导着我们的思想,以至于他们阻碍了我们从其他方面来思考在经济和社会生活中发生了什么。进一步地说,用这样的二元逻辑来思考,确切地说是现代的一般二元逻辑,有歪曲我们世界观的倾向。具体而言,生产—消费的二元结构妨碍了我们看到消费(如原料,工具,劳动时间)本身就是根植在生产中的,以及生产本身也是与消费紧密交织在一起的(例如,"工作"[比如购物]就涉及诸多消费活动;品牌内涵的创造;生产在亚马逊网站上的订单;在阅读一条博客给予回复等)。换句话说,我们没能看到通常被认为是生产和消费的独特过程中的产消活动。

进一步说,生产与消费在概念上的主导地位使得我们很难看到产消,这一既非仅仅是生产亦非仅仅是消费的,原本就存在着的(同时也是核心的)过程(Ritzer, 2010a)。即早期的人们消费的是他们正生产的东西,而生产的也正是他们消费的东西。更重要的一点,生产和消费在观念上的主导地位妨碍了我们看到我们正身处一种巨大的未被察觉的社会变革中,既产消正呈爆发式扩张且发展形势日新月异(Ritzer and Jurgenson, 2010; Ritzer, Jurgenson and Dean, 2012)。

二、基于产消的对生产和消费的重新审视

研究认为产消不是一种单一的过程(或现象),而是在一种连续带中存在的广泛过程。我们现在将该体系中与生产相关的一极重新定义(有点拗口,但更准确)为"生产性产消"(p-a-p),与消费相关的一极重新定义为"消费性产消"(p-a-c)。也就是说,排除掉其他因素,该连续带中将不存在剔除了产消的纯粹的生产和消费。实际上纯粹的生产(不含一点点的消费)和纯粹的消费(不含一点点的生产)是不存在的;毕竟这两个过程始终是互相渗透着的。在产消这一连续带的"中间",生产(即消费)和消费(即生产)达到了某种形式的均衡。那里即是产消的"平衡"点。

三、产消连续带

社会学家、社会理论家以及其他社会学者一直以来也在关注产消问题。但他们充其量只是把生产和消费看做一种极端情况,即一种有助于我们分析经济世界但在现实里其实并不存在的"理想的形式"(Weber, 1903/1917/1949:90)。然而,尽管从这场讨论开始就赋予了生产和消费很大的重要性,但它们只是产消(尽管有时是极端的)的某种表现形式而已。换句话说,生产和消费都是产消的子形式;产消是包含这两者的更为一般的过程。

互联网(从许多层面来看这是产消时代的"大本营")上的一些学者,对于产消的性质及其与生产和消费的关系有较为深入的理解。例如,Howe(2009:71)认为:"过去有生产者和消费者作为传统意义的'消费者'的概念,现在已经显得过时了。"有趣的是,显然是受到了挥之不去的生产主义偏好的影响,Howe 没有看到生产者的概念也正变得过时。无独有偶,Clay Shirky(www. shirky.

014

com/writings/consumer/html）提出"互联网上的消费者都被蒸发掉了"以及"我们都是生产者"的观点。虽然Shirky 的思想对路，但在这里我们还是看到了生产主义在起作用。在互联网上他能摒弃消费主义观念，但在这里（或者别处）他也仍然未能摆脱生产主义观念的束缚。

基于如今的有利视角，结合产消（及其连续带）概念，我们现在可以看到这个概念的真正效用和意义，以及诸多现象可通过它得到很好的解释。

下面将讨论一些关于这些现象的例子。我们先讨论现实世界的例子然后再来看虚拟数字世界的例子，以及现实和虚拟数字混合的世界。下面讨论的这些例子都位于连续带的中间部分；他们是产消更加平衡的形式。然而，这里也有处于连续带极端或接近其顶端的例子。那就是，适合用我们传统观念里的"生产"和"消费"来描述的过程。例如，在该连续带的"生产"端，我们仍然可以看到传统工厂工人的身影（当然最好被理解为生产者型产消者）。而在一家有许多销售人员供职的精品商店里的消费者从传统角度来看就是购物者（尽管在这个例子他更表现的像一个消费者型产消者）。

这里有必要说明的是我们对现实的世界和虚拟数字的世界划分只是为了研究的需要，实际上现实与虚拟数字世界是日益相互渗透着的，也就是说，我们必须避免使用双重思维来看待它们。而我们应该想到的是在"增强现实"方面数字的与物质的世界相辅相成（Jurgenson，2012）。现实层面的产消活动如兑现支票或查询银行账户余额很容易在电脑或移动设备上实现，因此，它就越来越数字化。类似地，那些原本非物质的产消活动，比如在某人电脑上的制作的数字化设计越来越有可能通过 3D 打印机来实现其物质化生产（Anderson，2012）。

（平衡性）产消在物质层面（主要的）的实例有：在自助餐厅排队消费，最近流行的在快餐店自取食物事后自行处理自己吃剩的东西；自取购买的食物和在超市中使用自助结账系统；通过一纸操作说明书和可能用到的一到两个小工具自行组装从宜家购买的家具—其实也就是把它们摆在一起（虽然看起来不是那么容易，因为这些产品往往是被认为是"无法组装的"）；购买和使用自己需要的医疗器械如血压和血糖监测仪；购买和使用测试诸如前列腺特异性抗原，胆固醇水平试纸，怀孕，男性生育能力，毒品，烟草和酒精，HIV 的试纸；使用智能手机拍摄和摄制的戏剧性事件（例如，2012 年末美国东海岸受到 Sandy 飓风袭击事件）然后将这些照片和视频发送到电视网络（如 CNN）和地方电视台同步在线播放。

数字层面（主要的）的实例则有：越来越流行的通过各类网站设置个人全部但同时又是最复杂的行程安排；在类似 Amazon.com 的网站上做完包括对准备购买的物品进行适当的选择的所有的事情；提供需要的收货和付款信息以及通过几个步骤来完成这个过程；买家在易趣网上提供大量的关于他们自己的需求信息，而卖家则相应提供出售信息；自我诊断（或至少相信一个人能够进行自我诊断）—作为信息扩散增益的结果，每种可能的疾病及其相关的症状的信息都能在互联网上找到；在线共同开发和众包（生产）开源软件（如 Firefox，Linux）然后下载和使用（消费）；生产和消费上亿个脸谱网页里的信息；对维基百科有所贡献并使用之；撰写和阅读博客。

产消的物质和数字形式是互相渗透着的，下面的例子可以更好地说明，比如在 Zipcar 网上生成租车订单并把车开走（当然这还要借助于一些技术手段）；在做全球捐赠的 Freecycle 网上根据受助者的需要生成物品清单，通过几个线上和线下的步骤，把捐赠物从捐赠者手里转移到接受者手上；在 Airbnb 网上寻找和发布旅行地租借房间的信息，并最终从当地的某户人家租到房间；在基于互联网的大规模开放在线课程（MOOCs）平台上进行远程教学，相关课业由学生自己负担（如让学生互相组织考试，甚至论文答辩）。

CREATIVE
ECONOMY
AND
MANAGEMENT
VOL.3 NO.1,
2017

015

我们前面给出了大量的关于产消的实例和系列例子,然而就整体范围来看,上述例子只涉及了这种不断扩大的现象的皮毛而已。本文后半部分将着重讨论产消是否是一种新发生的颠覆性的事物,或者它只是早期的甚至原始的产消模式的翻版?显而易见,上面述及的许多例子都依赖于新的先进的技术(尤其是计算机和互联网),而主要问题在于那些将生产和消费绑定在一起的基本的活动是否构成了某种新事物甚至是一种对过去产消模式的颠覆?

四、一种颠覆性的发展

有种关于这种颠覆的转变正在进行的看法认为我们其实一直都是产消者,基于但不限于如下事实,我们可以看到新的产消者正在不断涌现。第一,产消者正在做一些他们以前从没做过或者很少做的工作(如,自行在酒店和机场候机室办理登记和退出手续)。第二,许多人不再是被雇佣的,或者说他们从事的是另外一些种类的工作。因为产消者自行从事的各种各样的工作是不需要被支付报酬的。第三,许多公司正在赚取前所未有的利润,这得益于他们可以雇用远远少于预期的人,因为大量的相关工作被产消者做了且无需支付报酬。第四,现在的人们可以得到很多免费的东西,特别是在互联网上,这部分是源于产消者的免费劳动力(Anderson,2010)。第五,计算机、互联网、自动扫描仪、3D 打印机等新技术使得这些发展成为可能,而这些发展又反过来促进技术进步从而进一步推动着产消的发展。

这样一来,随着"新产消方式"的产生,新的产消者也就诞生了,其定义亦伴随"新产消方式"这一概念。"新产消方式"这个概念的想法则源自于马克思的著名的生产方式的概念以及他的相对不那么出名的消费方式的概念。有趣的是,马克思(1884/1981:471)关于生产方式

的定义——"商品以某种形式……进入生产性消费"——表明马克思清楚(至少隐隐地清楚)产消的过程。因为产消结合了生产和消费,关于生产性消费的提法很显然就是一种产消的思维方式,尽管它把生产看得比消费重要。马克思所谓的生产方式元素有:劳动时间、工具、机器和这些元素在生产过程被使用到和用掉了。生产方式按照马克思的说法就是"使商品生产成为可能的某种方式"(Ritzer,2010:50b)。

马克思(1981 / 1884:471)还给出了他的关于消费方式的理论,但他只是将其定义为一种与其给出的生产方式定义不同的方式。即,它们被定义为"商品进入资产阶级和工人阶级的个人消费环节的具体形式"(Marx,1884/1981:471)。马克思将"奢侈品消费"与资产阶级相关联,而将"必需品消费"与工人阶级相关联。基本的食品属于必需品消费,而诸如玛莎拉蒂等昂贵的汽车则是奢侈品消费的典型例子。

然而,马克思的消费方式的概念是有逻辑问题的,特别是与生产方式这一与之成对的概念相对比。生产方式处于工人和产品的中间位置;它们是实现商品生产以及对工人控制和剥削的手段,相比之下,从马克思的思路出发,在其消费模型中消费方式就不是手段,而是最终的结果;即它们是那些被消耗掉的东西(无论是必需品还是奢侈品)。换句话说,在马克思的文章中消费品和消费方式是没有区别的(毋庸说什么快餐店、超市、亚马逊网)。

从另外一个角度观察,在马克思的文章中我们看不到消费领域中能与生产领域中生产方式的调节和加速作用相对应匹敌的地方。而在这里,消费方式与被消耗掉的东西其实是有显著区别的,与生产方式在马克思的生产理论中的调节作用一样,消费方式也在消费领域中发挥同样的调节左右。正如生产方式是那些能让无产者进行生产的方式,消费方式就是能让人们能获得货物和服务的方式。因此,与生产方式一致,消费方式的定义应当

016

是"让人们获得商品和服务的方式"（假设我们能从此明确地区分生产和消费并将不在此问题上纠缠了）（Ritzer, 2010：50b）。

在 19 世纪，消费是一种非常繁琐且耗时的过程，例如，需要长时间并缓慢的跋涉来回于专门商店的消费模式（如肉店，水果店）。而在今天，因为有了诸如超市和在线的家庭购物等新的消费形式，消费已经变得非常方便，同时消耗的时间也大大减少了。

鉴于我们对产消者的兴趣，我们还要用到产消方式或类似地能让人们"产消"商品和服务的方式的概念。从给出的连续带中我们可以看到，宜家使得产消者能够在自己家里制作书架（"生产性产消"）；MOOCs 使得学生们能够在他们自己的电脑上学习大学层次的课程和获取学位（"消费性产消"）；ATMs 自动取款机使得我们能够实现从一家银行取款，获取和使用所需现金的工作（"平衡性产消"）。这么说来，宜家、MOOC 和 ATMs 都是产消；它们允许甚至迫使人们变成了产消者。从资产阶级（也包括一些拿薪水的工人和更多的不拿薪水的产消者）的视角来看产消就是这样一个理想的过程，因此越来越多的更新的产消方式的出现将指日可待。生产方式和消费方式两者从某种意义上讲都是产消方式，因为在本文中已经将生产和消费重新定义为生产性产消和消费性产消。从另外一层意义来看，如果我们非要从二元逻辑来理解的话，我们可以说，生产方式和消费方式已经互相嵌入到对方中去了，尤其是互联网导致的产消方式。同时被嵌入到产消方式中去的还有我们的日常行为。面对这些日新月异的产消方式，我们很难说我们什么时候在生产，什么时候在消费，以及什么时候在产消（假如我们还能对这些概念有所区分的话）。这些概念上的区别其实已经全然没有意义了，比如我们在博客上进行的产消活动。

新生代的产消者在产消行为模式方面看起来和古老的产消者很像，比如家庭作坊的 DIY 者和工艺消费者。然而，我们这里关注的是新的产消方式本身，它不仅使新生代的产消者成为可能，同时也在扩大和颠覆产消过程之本身。在现实世界里已经看到许多新的产消方式的例子（如，自助退房系统，信息站，3D 打印机），而它们在虚拟数字世界里则尤显重要（Amazon.com，Facebook，Wikipedia）。

五、原始产消行为的回归，或者说是重现

虽然我们可以认为是一系列新的变化导致了产消者的产生，我们也可以将新生代的产消者看做是早期甚至是原始的产消者的延续。生产和消费本身就不是绝对完全不同的过程。相反，所谓人们产消的，不过是消费他们生产的，生产他们消费的而已；或者至少这个过程在形式和时间上是密切关联的。专注于媒体研究的 Bruns（2008：326）认为产消，包括发生在今天诸如 Facebook 等网站上的活动，是与"前工业化社群的社会化进程"相一致性的。Vargo and Lusch（2004：12）基于市场营销的视角，在他们讨论面向服务的逻辑时，认为这是产消概念的另一种说法（参见上面的讨论）。他们认为该过程让人回想起"前工业革命时代"，并引用 Hauser and Clausing（1988）给出的案例如下：

市场营销、工程技术和生产制造实际上是集成在一个独立的体系中的。比如某位骑士想要一种盔甲，他可以把需求告诉盔甲匠，盔甲匠将骑士的需求转变成产品。他们两人可能讨论到盔甲的型材——板型的还是链型的——以及诸如凹槽饰纹和需要更大的抗弯强度等细节。然后盔甲匠就可以根据这些要求来设计制作工艺了（cited in Vargo and Lusch，2004：12）。

此例中，骑士通过对盔甲材质、设计元素以及盔甲的灵活性方面的要求而直接参与到了对这件盔甲的产消活

CREATIVE
ECONOMY
AND
MANAGEMENT
VOL.3 NO.1,
2017

017

动(现代的产消者这样做的越来越多,例如,服装设计师)。然而,骑士还更多处于产消消费带的消费性产消的那一端,毕竟物质生产仍掌握在盔甲匠的手里。而在大多数其他预工业时代的特别是原始的实例,消费者不仅仅参与了对最终产品的基本需求讨论,他们实际上还参与了他们将要消费的东西的物质生产。

这一点 Ballantyne 和 Varey(2008)在他们关于以服务为主导的逻辑与前工业化社会现实有很大的共同性的事实的讨论中说得很明白。关键在于那个时代人们往往不只是简单地参与关于物品基本需求的讨论,同时为了能够直接使用的目的而参与了生产。在没有任何大规模生产的条件下,那时的人们负担着给他们的家庭和社群提供所需。此时在这一点上,生产和消费是高度集成的,但工业革命令其终结。如 Toffler(1980)指出的那样,要把生产和消费分离开来(或者至少看起来是这样的)。这涉及一种从前工业社会的个人使用价值到工业社会的基于市场的交换价值的转变。长期以来市场营销人员是基于交换价值的理念来开展工作的,而如果他们切换到使用价值的视角,他们就能清楚地看到他们是在和产消者打交道,而正是这些产消者创造了所谓的价值。从这一点出发,生产商或供应商在整个生产—消费过程中起着支持产消者价值创造过程的作用。更宽泛地说,这个过程连接(重新连接)着生产和消费过程,并在一定程度上对工业革命起到了帮助作用。

Ballantyne 和 Varey 认为生产和消费紧密联系牢不可分,最近各种各样的变化使得这一点更加明白无疑。这其中有分销渠道的整合和重整,全球合作供应链的出现,对生产和消费更深的理解,以及采购和分配,这些都不再是供应链中可以独立分割的层面。

所有这一切都支持这一观点,即产消者和产消活动不是什么新现象;事实上,他们是基础的过程和作用,并在当今互联网日益占据主导地位的时代,具有更新、更重要的位置。这种观点实际上与前面讨论过的关于当代产消代表着某种颠覆性的新发展的观点是完全对立的。

Friedrich Nietzsche 和 Walter Benjamin 的思想有助于对产消进行这样的概念化。Nietzsche 的思想很抽象并富有哲理。而 Benjamin 则做了更多繁重具体的社会工作。他借鉴并采用 Nietzsche(1999:337)的"原始的回归(或重现)"(1999:71)的哲思,并将之应用到社会生活。这显然意味着 Benjamin(1999:298)对"进步性概念"尤其是颠覆性进展等说法持批判态度。因此,他含蓄地批评产消活动是颠覆性(或进化性)的发展的想法。也就是说,从这一视角出发,所谓颠覆性不过是对一些过去现实的回归。Benjamin 对原始回归的思考根植于马克思理论,特别是辩证思维。实际上,Benjamin(1999:357)本来就把辩证法看作是一种回归的范例。这样一来,他的"命题"也总是在"否定命题"和"否定之否定命题"之间回归。进化论和进步论不是辩证的,而这一永恒回归的理论显然是辩证的。一般而言,我们可以在"大自然固定不变的周期",及更加具体的如天气(1999:102)和星系(1999:116;340)的变化中非常清楚地看到一些永恒回归的例子。在社会生活层面,Benjamin(1999:464)认为"在一个特定时代发生着的,即是远古时代发生过的"。比如,Benjamin(1999:544)将"现代"定义为"新的环境下已经存在的事物的新生"。具体而言,他讨论了从最古老的事物中创造出最新的事物,并视之为"时尚的真正辩证剧场"(1999:64)。其所谓的时尚,推而广之到社会生活的其他层面,都并没有什么真正新的东西。在生产领域,Benjamin(1999:331)则探讨了"在大规模生产中的显性永恒回归"。在消费领域,商场这种早期的消费模式,也是各种各样的消费模式的永恒回归,特别是因为它类似于更早的消费模式如集贸和露天市场。综合来说,Benjamin(1999:463)看到了"整个远古历史在19世纪恰当表现的新图式"。也许在这里最适合用

018

Benjamin's（1999：116）的这句话来描述对产消的趋近：
"原始历史进入超现代化时代的场景"。再回到我们的关
注点，从原始时代以来就一直处于主导地位的产消，已经
以各种形式重新进入到今天的生活，特别是以互联网和
智能手机等"超现代"的形式。当然，在讨论这种新的、超
现代化的形式时，Benjamin 承认，回归的事物和过去存在
的事物还是有很大的不同的。Benjamin 这里的立场与
Deleuze's（1986）强调永恒的回归中的"不同"是一致的。
它可能仍然是产消，但其超现代化的外壳（如在互联网
上；3D 打印机）使其在很多方面表现不同。

产消活动是一种进化

第三种观点认为产消活动不是什么颠覆性的发展，
更谈不上什么原始回归的实例，它只不过是最近一些发
展的延续，而这些发展反过来又是其前身的延续。例如，
互联网上的购物商城（但不是互联网本身）如亚马逊可以
看做是实体购物商场的合乎逻辑的发展和延续。反过
来，后者又能从早期的产消网站获得发展，包括实体店
面。开在商场里的快餐店、食品店至少是部分地从传统
的餐厅模式发展来的。如果再回头看得更远一点，古时
候开在道路两旁的饭摊，就是现代快餐店的更早的先声
和先驱。从更广泛的意义上讲，许多当代的产消现象并
不是什么新的现象，尽管近年来产消在他们中间起到的
作用大大增加了。例如，人们总是有一段时间或者至少
有一段时间要做自己的旅行安排；进行疾病的自我诊断，
在医学上自助服务；至少非正式的检查，别人生产的产品
和工作；参加类似易趣网的拍卖活动（Smith，1990）；并积
极参与对自己的教育活动。因此，从这个角度看，产消不
是什么新的过程，且其目前也并没有表现得与过去的过
程有什么不一致的地方。

六、结论

本文的讨论旨在突出广泛处于产消命题下的一些最

近的社会变化。主要探讨的问题是，这些变化是否是一
个原始回归的例子，还是一种颠覆性的发展，或只是它们
早期发展的延续，本文得出的核心结论是它们可能与这
三个过程都有关联。这些变化与早期发展是一致的。举
一个前面没有提到过的例子来说，现代的消费者在亚马
逊网上做的事情与 19 世纪末到 20 世纪初的那些通过目
录订购产品的人们做的事情没有多大不同。然而，在此
例中，现在和过去的现象之间存在着某种连续性，同时也
存在着某种更大的非连续性。即，在产消领域已经发生
了一些颠覆性的变化。这些颠覆性的变化就包括互联
网，当然互联网本身也是一种非常颠覆性的发展。今天
的大部分产消活动都是基于互联网的，如果没有互联网
技术，要使这些活动发生是无法想象的，毋庸说其他的诸
如智能手机、信用卡和快递系统。新的和新兴的技术这
两者既增添着又改变着产消活动的本身属性。例如，3D
打印机已经出现且作用日显，甚至它将允许"生产者"足
不出户就能生产出日益增多的系列产品来（Anderson，
2012）。

鉴于在产消领域既有进化性的又有颠覆性的变化，
也许我们这里的探讨能得出的最有趣的结论将涉及原始
的回归这一命题。在被区分为生产者和消费者之前我们
都是产消者；产消才是我们最原始的状态。具有讽刺意
味的是，这里讨论到的主要技术变化使得我们比我们想
象的还要像我们的祖先这一点无疑更加明白。然而，在
过去的几个世纪里这一事实被忽视了，因为我们人为地
把我们自己区分为生产者和消费者。而事实是，我们过
去是产消者，现在我们更清楚自己是产消者。这些在我
们今天看来是新的和颠覆性的变化，不过是产消者原始
回归的另一阶段；而从某种意义上说自打人类伊始产消
者就是处于主导地位的，而事实上，即便是在那些貌似被
人为定义为生产者或消费者的时代产消者也是处于主导
地位的。因此我们在这里可以说产消是原始的、古老的、

CREATIVE
ECONOMY
AND
MANAGEMENT
VOL.3 NO.1,
2017

019

最近的、最新的、甚至是颠覆的诸形兼备。尽管我们已经注意到它的历史根源和与之相似的事物,它的具有新兴的和颠覆性的特点在未来的重要性可能越来越突出。而这一点很可能将在互联网、现实世界、乃至两者的互相融合中成为现实。这些变化不仅会导致越来越多的产消活动的意想不到地出现,而且会导致变异的乃至全新的产消方式的出现。因此,未来的产消活动在表现形式上或将与现在完全不同(从日新月异的科技发展看);然而,它在基本实质上必然且永远与原始和近代的产消活动完全一致(从至简不变的基本属性看)。

然而,还是有一些东西将会完全改变的。我们将不会再回到那个生产者和消费者有明确区分的时代了。从这个意义上讲,我们也不会再回到工业革命和消费者革命时代的那种思维方式上去了(Cohen, 2003)。我们逐渐处于日益难以区分生产和消费以及生产者和消费者的产消者革命的时代了(抑或这是某种退化?)。

基于这一点,我们又该怎样来理解产消活动的未来呢?一方面,纯粹处于产消连续带的(产消性的)生产和(产消性的)消费这两个终端的活动将越来越少。反之,它们将更多地向该连续带的中间位置靠拢。也就是说,它们将更多地表现为"平衡性"产消。它们将更毫无疑问地不可被定义为任何接近"纯正"的生产与消费的意思。另一方面,随着它将在整个社会和经济生活中成为现实,它将在某些特定的领域里表现得更为明显。例如,在经济服务领域,我们将会看到一种倾向于自己做而不是利用雇员来执行某些任务的连续趋势。非现实世界,尤其是虚拟数字世界将越来越产消化,因为在这里我们很容易将这些非现实世界的工作从那些我们传统上认为是生产者的手上转移到那些更明显地是产消者的手上。尽管虚拟数字世界是发生这种变化的天然领域,而在更具现实感的现实世界里,这种现实也会发生,比如,病人将越来越多地做自己的医疗工作。

在现实世界里,的确有一种历来被我们认为是("纯粹的")生产的过程连续体系(比如汽车制造),尽管它们将越来越多地只在欠发达的国家里找到。然而,一些重要的相反趋势的事实是在发达国家传统的生产也在日益采用先进技术,而对应地在欠发达国家生产仍然主要还是依赖于人力(Brynjolfsson and McAfee, 2012; Markoff, 2012)。另一种相反趋势的事实则涉及类似例如 3D 打印机的出现,使得我们在发达国家看到了貌似更为传统的生产方式。产消活动的不断增长,以及关于对它是产消而不是生产或消费这一核心概念的认知,将指引我们去重新审视那些古老的社会科学思想。它们中的很多概念是基于生产主导的社会理念而发展起来的,如异化、剥削、合理化。当然这将是另一类文章的主题了,但我们可以通过研究剥削这一概念作为例子来说明其要点。

至少从马克思的角度,剥削通常被认为是支付给工人的工资低于他们产出的价值的情况。这就是"剩余价值",按更传统的说法即为资本家的利润来源。然而,从这场活动中获得巨大利润的资本家可是什么都没有支付给产消者。事实上,我们可以说他们挣得更多,因为对于工人,资本家还是要正常支付哪怕是看起来微薄的工资,而对产消者他们可真的是什么都不需要支付。所以,从纯经济学的角度看,在资本主义体系里产消者受到了剥削且他们受剥削的程度比之无产阶级是有过之而无不及。

尽管从分配结构的角度来看这种观点是正确的,但从社会心理学的角度来看这种观点即显牵强。而从更宽泛的意义上讲,我们是有必要对那些广泛的在以生产和消费为主导的时代创建并由此长期存在的社会学诸多概念进行重新审视了。至少,我们要对它们进行修

020

订，更极端地（这一点更有可能），我们甚至需要创建新的提法，且不囿于那个古老和日益落后的生产——消费二元逻辑。

从理论意义上来讲，产消时代的来临将预示着经济研究的范式革命（Kuhn，1962/1970；Ritzer，1975/1980）。现代经济学研究范式早已将生产或消费作为它们的"主题特征"，而我们将见证一种新的，以产消活动为其特征的第三范式的出现，这可能意味着与过去相比，经济研究将更加向多维范式的方向发展。然而，也可能出现这种情况，那就是由于产消活动同时包括了生产和消费，所以它可能成为某种能同时平衡生产、消费、产消三者的更加综合的"社会学范式"的基础（Ritzer，1981）。这或将引领经济研究向"硬科学"的方向发展，而所谓的"硬科学"，至少在 Kuhn 看来，是某种单一范式占主导地位的科学。尽管这是可能的，而鉴于社会科学的历史和现状，更可能出现的结果是多维范式共存于一域的情况。范式通常包括理论和方法，而一种新的特定的范式则意味着在理论和方法方面有了主要变化。由于产消活动本身就包括了生产和消费，一种替代方案是增加对这些多维理论和方法的运用，使得社会科学家能对所有这些过程进行分析处理。另一种办法则是通过发展一些新的本身就能够代表足够多样性的理论和方法来对这些过程进行分析处理。

这样一来，随着在经济研究领域对以产消为主题特征的研究关注度的提升，将预示着一系列在范例、理论和经验方面的巨大变化。历史上社会学领域的一个平行的例子就是 Emile Durkheim（1893/1964）的著作，他主张社会现实才是社会学研究的主题。从而导致了一种面向社会现实研究的新范式（"社会现实范式"）、新理论（如结构功能主义）和新方法（如历史比较研究）的发展（Ritzer，1975/1980）。很有可能，一场涉及新的产消者范式的革命将产生类似的强大且广泛的效果。

最后，需要指出的是，在 *The Journal of Consumer Culture*（*JCC*）这本期刊上讨论产消者是有些别扭的，毕竟这一话题与 *JCC* 这本期刊的主题不符（*JCC* 是讨论消费的）。一种公认的想法是，*JCC* 应该把更多的精力投入到对产消的研究工作（以及相关概念）中去。而更为激进的想法是，另外成立一本名为 *The Journal of Prosumer Culture*（*JPC*）的期刊，来作为对 *JCC*（以及生产导向型期刊）的补充。如果本文提到的各类论点有所值得称道的话，那就是将来可能会出现一种专注于产消者文化的期刊。这么看的话，*JCC* 这本期刊（以及关注生产的期刊）不仅会继续存在而且还有可能会更加活跃。不过这么一来，认识到 *JCC*（以及关注生产的期刊）只是专注于产消连续带的某一极就愈显重要了。也就是说 *JCC* 的重点，或者更宽泛地说其对消费的研究，如果套用本文的术语来描述的话就是对"消费型产消"的研究。

我们当然还可以在这里讨论许多其他未来的变化，不过那样的话将使我们陷入 Alvin Toffler 在其著作中使用的研究方法上了。即，那种在社会科学研究中已经不大被提倡的新闻主义式的和未来主义式的论调。然而，我们应当记住的是，20 世纪 80 年代出现了产消这一概念，在 21 世纪初已被证明不仅经住了时间的考验，而且比它诞生时更可堪大用。随着新世纪的展开，它的效用将与日俱增。

CREATIVE
ECONOMY
AND
MANAGEMENT
VOL.3 NO.1,
2017

021

参考文献

[1] Anderson C (2010) Free: How Today's Smartest Businesses Profit by Giving Something for Nothing. New York: Hyperion.

[2] Anderson C (2012) Makers: The New Industrial Revolution. New York: Crown.

[3] Ballantyne D and Varey RJ (2008) The service-dominant logic and the future of marketing. Journal of the Academy of Marketing Science 36: 11 – 14.

[4] Baudrillard J (1970/1998) The Consumer Society: Myths and Structures. London: Sage.

[5] Bauman Z (1992) Intimations of Postmodernity. London: Routledge.

[6] Benjamin W (1999) The Arcades Project. Cambridge: Belknap Press of Harvard.

[7] Benkler Y (2006) The Wealth of Networks: How Social Production Transforms Markets and Freedom. New Haven: Yale University Press.

[8] Benkler Y and Nissenbaum H (2006) Commons-based peer production and virtue. Journal of Political Philosophy 14: 394 – 419.

[9] Bird SE (2011) Are we all produsers now? Cultural Studies 20: 502 – 516.

[10] Bruns A (2005) Gatewatching: Collaborative Online News Production. New York: Peter Lang.

[11] Bruns A (2008) Blogs, Wikipedia, Second Life and Beyond: From Production to Produsage. New York: Peter Lang.

[12] Brynjolfsson E and McAfee A (2012) Jobs, productivity and the great decoupling. New York Times, 11 December.

[13] Campbell C (1987) The Romantic Ethic and the Rise of Modern Consumerism. New York: WritersPrintShop.

[14] Campbell C (2005) The craft consumer: Culture, craft and consumption in a postmodern society. Journal of Consumer Culture 5: 23 – 42.

[15] Cohen L (2003) A Consumer's Republic. New York: Knopf.

[16] Cova B, Dalli D and Zwick D (2011) Critical perspectives on consumers' role as "producers:" Broadening the debate on value co-creation in marketing processes. Marketing Theory 11: 231 – 241.

[17] Deleuze G (1986) Nietzsche and Philosophy. London: Continuum.

创意经济与管理
2017 年第 1 卷

022

Prosumption: Evolution, Revolution, or Eternal Return of the Same?

George Ritzer

Abstract: Prosumption, the interrelated process of production and consumption, is increasingly obvious everywhere, but especially on the internet where people "prosume," for example, Facebook pages, Wikipedia entries, and Amazon.com orders. But what is prosumption? Has it evolved out of recent behaviors? Or, is it new and revolutionary? Or, is it what we've always done? In fact, it is all three. Beyond dealing with these questions and re-conceptualizing much of what we do as prosumption rather than as either production or consumption, we reflect on the future of prosumption, as well as on the continuing utility of traditional concepts, paradigms, theories and methods that were created to deal with epochs, phenomena and processes seemingly focused on production or consumption.

Key Words: Prosumption; consumption; production; digital; eternal return of the same

**CREATIVE
ECONOMY
AND
MANAGEMENT**
VOL.3 NO.1,
2017

023

数字化社会中的产消者

［意］Piergiorgio Degli Esposti　杨　帆　杨　帅　译

摘要： 数字化社会中，生产和消费两个概念之间的差异开始变得模糊。因此，产消者和产消一体化的相关思想和理论近年来引起了学术界和主流社会的密切关注。这篇文章介绍了产消的理论框架，解释了产消者活动的主要特征，并提出了产消者的矛盾，从而让读者更好地理解产消这个概念。

关键词： 数字化社会，产消者，产消一体化

一、理论框架

产消者（Prosumer）的概念最早来自于 McLuhan 和 Nevitt(1972)的著作。他们认为西方的基础生产设施将会越来越过时，并且随着先进技术和数字环境的飞速发展，消费者将会被转化成生产者。

早在三十多年前，Alvin Toffler(1980)就已经介绍过产消者和产消一体化的概念，他将产消一体化定义为生产和消费相互关联的过程。然而，尽管 Alvin Toffler 是当今最具影响力的社会思想家之一，但是他提出的产消一体化概念这几十年来在学术界几乎没有任何影响力。原因可能是因为 Alvin Toffler 的产消一体化概念被他的其他重要思想的光芒掩盖住了，比如他的"未来的冲击"思想。另外一个原因可能是虽然 Alvin Toffler 是一个社会思想家和未来大师，但是他在学术界的影响力却比较有限。

然而，数字革命和互联网的全球化传播改变了这种情况。事实上，今天许多网站的建立和发展正是由于产消者的出现，比如 Airbnb，Amazon，EBay，YouTube，TripAdvisor，Uber 等网站。因此，产消者和产消一体化相关思想和理论近来已经引起了学术界（Ritzer&Jurgenson，2010）和主流社会（Rifkin，2014）的密切关注。同时，许多与产消者相似的术语也出现了，例如产用（Produsage）、产用者（Produser）（Bruns，2008）和共创（Co-creation）（Prahalad&Ramaswamy，2004；Ramaswamy&Kerimcam，2014），并且这些术语在传播领域和市场研究领域都有极大的影响力。

众所周知，产消一体化是由生产和消费的概念共同构成的。工业革命以后，大部分的经济发展更注重生产

PiergiorgioDegliEsposti，博洛尼亚大学社会学系政治社会学和社会哲学博士，以及博洛尼亚大学法律科学、政治学和经济学领域的博士后。 目前任职博洛尼亚大学社会学系研究员。 2006 年起担任欧盟项目在博洛尼亚大学社会学系时事通讯和网站的负责人。 2009 年成为马里兰大学的生产消费者研究小组会员。 Email：pg.degliesposti@unibo.it

杨帆，东华大学旭日工商管理学院。

杨帅，东华大学旭日工商管理学院。

024

过程而并非消费过程,显然,这两个过程都很重要。但是更深层次的分析表明,他们之间是相互联系的。换言之,如果单独只从生产或消费角度来看,生产和消费都会失去他们各自的意义;但是,如果从产消一体化的角度来看,他们就会获得更为广阔而丰富的解释。因此,消费总是包含了生产,而生产也包含了消费。换言之,产消一体化可以被看做是同时包含了生产和消费的一般过程。Ritzer(2014a)认为产消一体化是一个连续谱,他从理论的角度提出了对产消一体化的三个解释:

　　① 产消一体化是一个原始和永恒的回归过程;

　　② 产消一体化是一个不断演变的结果;

　　③ 产消一体化是一个新模式的起源。

第一个解释体现了人类社会特征在人类历史上不断重演的过程,而且与尼采和本杰明的永恒回归学说和重复学说不谋而合。Bruns(2008)在分析了有关社交网络和通信系统后,提出产用(Produsage)概念,并且将产消一体化视为与前工业化时代有关的社会过程。因此,产一体化和产消者不能算是新概念,但是随着数字经济和互联网的发展,它们被赋予比过去更重要的意义。

第二个解释将产消一体化视为由于不断演变的过程而导致的结果,而这个结果是不断优化的。例如亚马逊显然就以产消一体化为主,尤其是那些涉及产品采购和评级流程的活动。数字平台被认为是购物中心的演变,而购物中心很大程度上也受到产消一体化的影响。反过来说,购物中心也被认为是诸如商店和"通道"这类有着产消一体化特征的场所的演变,然而产消一体化在这类场所中的作用不及在购物中心中那么重要。

第三个解释是随着"产消合一新模式"的出现而产生的,它与革命性变革有关。互联网的虚拟化使得新模式更容易在虚拟世界中生产,同时新模式还促进了现实社会的发展和融合。

与马克思的"生产资料"概念直接相关的一些因素促使消费概念朝着产消合一的方向发展,因此,我们可以认为,这些因素导致了"产消合一新模式"的产生。例如,处于零售领域的宜家,处于交通和地理定位领域的优步和处于旅行社交和计算机信息领域的 Airbnb 的产生都得益于科技和互联网的广泛应用。因此,这种新模式的基础依托于新型资本主义的出现,而这种新型资本主义建立在对低收入工人和无偿产消者的剥削的基础上,是一种产消一体式的资本主义(Ritzer,2014a;Frayssé O'Neil,2015;Rifkin 2014)。以上观点与以往观点没有任何冲突,但是随着世界数字化的广泛应用和 SNS 新模式的最新发展,人们正在努力实现这个基于产消者而产生的新世界。

二、数字社会中产消者活动的主要特征

产消合一的理论框架与消费者和生产者的联合有关,也与"维护"概念(Storch,1815)有关。这个"维护"概念体现了消费者参与服务创造理论(Barnard,1938;Parsons,1970)的基础,而且影响了 Fuchs(2014)对消费者在生产链中的核心作用的想法。

自 20 世纪 70 年代以来,在服务行业(Bell,1976)、医院(Goffman,1961)和运输业(Hochschild,1983)等不同行业出现的共同生产(Co-production)概念已经显示出其理论相关性。然而,自从 Toffler 引入了产消者这个术语,共同生产这个概念却被 Negri(1989)、Virlio(2000)和 Hardt(2002)看做是生产从工厂流向社会的一种现象,并且被 Ritzer(1998)作为麦当劳模式下消费者的行为模式。

自从互联网热潮或第三次工业浪潮(Lee & Wellman,2013)以来,网络既被认为是一个平台,也被认为是一个由大于其部分总和的实体的激情所引起的任何集体活动的隐喻(Gauntlett,2012)。这也使得"共同生产"研究的理论假设得以恢复,从而使得这一过程在全球范围内不断出现。以用户生成内容(UGC)为形式的数字

CREATIVE
ECONOMY
AND
MANAGEMENT
VOL.3 NO.1,
2017

025

内容转换引发了资本化形式的结构性变化（Beer & Bur-row，2007；Newman，2010；Ritzer&Jurgenson，2010；Scholtz，2013），尤其是在被认为是"自由劳动"Terranova，2000，"工作的"消费者 Kleemann*et al.*，2008，Rieder&Voß，2010；Voß&Rieder，2005，"志愿工作"Dujarier，2008 和最近被 Ritzer 和 Jurgenson2010 总结为"无酬工作"的这些领域。

数字平台用户之间的对话被（Hung，Yiyan Li，2007；Lee，Seounmi，2009）称为网络口碑，代表了消费者与品牌之间的沟通过程，代表了关于质量、吸引力和用户评论方面的感知对话。这个过程有时是自发的，通常由品牌商直接产生以获得品牌可见性，某种程度上它代表一种产消合一的形式。而消费者，通常被认为是被动的角色，却在对话过程中主动对某个特定对象（产品、服务或用户体验）进行正面或负面的口碑宣传，从而创造潜在价值和物质价值。生产者和消费者都在这个过程中通过表达自己的文化诉求成为产消者，这一过程不再被认为是生产的简单结果，而被视为数字对话过程的最终共同结果。

劳动社会学和消费社会学都考虑到了产消合一理论，但各有区别。例如，Dujarier（2014）考虑了消费者社会工作的三种配置：

① 消费者自主导向的简单外包任务；

② 集体工作中协同生产的杠杆作用；

③ 能创新性解释消费者参与活动的组织工作。

自主生产是指那些生产者为自己生产（即自产）的情况，他们通过使用工具和生产机器（即方向性）来达成。这些形式的机械性产消合一化可以通过自助加油站、ATM 机器、在线登记设施和自动售货机等来实现。在这些情况下，消费者把服务当作是自己的"工作"。因为让一个专家为他们提供服务是不可能的，或者说在经济上是不允许的，所以，消费者需要在协作过程中进行合作并克服困难。生产机器通常为忠实消费者提供激励作用，

以此来鼓励那些认为自己不能完成任务的人。事实上，对于经常执行这些任务的人来说，完成任务的这个过程逐渐变得日常化，他们也通过一个个成功完成的任务变成了"专家"（Warde，2005）。第一个过程中消费者的积极参与证实了社会学家对自由劳动产品价值被剥夺的观点（Ritzer，1998），这一观点通过被驱逐在外的消费者的共识（Zwick，2008）获得。

消费者劳动力的第二个社会配置就是所谓的"共同合作生产"。由于科技和互联网的广泛应用，这一概念产生于 1990 年，与"直接自产"的概念相反，而与"大众采购"（Howe，2009）相关。这个配置过程的主要特点是将任务分配到世界各地的用户，并将用户视为远程劳动力。Howe（2009）认为这种群众外包的实质是阐释数据的能力，而数据本身能够通过无偿使用者们不同方式的参与，例如信用、保真卡或 CRM 的使用，从而来制造利润。除了通过这些系统获得的信息（今天称之为大数据），消费者还可以因为其业余爱好者的身份，在博客、音乐、现实展示、地理定位以及其他能够清楚体现消费者在市场营销和管理领域作用的地方实现无形生产。这个配置过程的第二个特点是能够产生利润。消费者能够在评估过程中直接发挥作用，并就如何提高产品质量提出建议。根据 Miller（1995）的观点，这些做法克服了前一个配置过程的被驱逐化，也更为被人们广泛认可。

消费者劳动力的第三个配置是所谓的组织工作，它被认为是两个消费矛盾的解决办法。事实上，特定产品的选择（如移动电话或互联网提供商的改变）、新服务的购买、对公平交易链等的关注等都体现了对认知型工作的需求（Swartz，2004）。这些组织活动没有直接进行生产，而是为了获得个人和社会都可以接受的方案。因此组织活动是一项参与者用来处理和解决营销活动中理想与现实之间矛盾的工作。而将消费者视为国王的营销理论却由于公司本身的限制而被否决。这个被称为"被束

缚的国王"的矛盾强调了由消费社会的限制所带来的困难,以及找到能被个人和社会接受的实际方案的渺茫可能性所带来的困难。影响消费者组织工作的第二个矛盾与消费者的重叠公民身份有关(Couldry,2004)。这种矛盾指的是消费者试图购买廉价产品和服务,但这些产品和服务并不违背他作为公民的道德观和生态价值观。因此,引导消费者发挥积极作用的过程强调了产消者的技能是如何体现知识的社会差异和不平等的。

三、数字社会中产消者的机构与矛盾

当代生产的特点是 DIY"自己做",这得益于 DIY 的广泛使用和新技术的影响。DIY 活动已经越来越流行了。由于经济危机、知识社会的扩大以及人们对大规模生产系统的不信任,越来越多的人放弃向专家求助,转而寻求其他解决方案。我们应当从技术层面来分析这一现象:一方面,它增加了我们创造价值的连通性和机会;另一方面,它却对现状造成创造性破坏。

关于产消者在数字社会中的矛盾身份的假设是基于产消者机构的分类及其主要特征。不论产消者是有权力的还是被剥削的(Cova,2009),不论他们是个人行为还是集体行为(Hewson,2010),不论他们是在合作还是竞争的背景下(Sennett,2012),相较于市场营销人员提出的价值,不管有没有导向性(Ritzer,2004),产销者的行为都是整体的或异常的(Campbell,2007)。他们仍然通过象征层面上的行为来调解矛盾身份的活动中(Bartoletti,Paltrinieri,2009),这些活动包括他们创造、修改、分享和评估他们知识的意愿。

由此,我们建议是确定一个分类,从而更好地应对产消者和产消合一机器的出现。这种分类的特点是基于个人的权利,有助于识别个人对其行为所赋予的具体和抽象的意义。我们提出四个主要类别:

① 创造者:在生产消费过程中强调创造角色的人员,
② 修改者:在生产消费过程中强调修改角色的人员;
③ 分享者:在生产消费过程中强调分享角色的人员;
④ 评估者:在生产消费过程中强调测试和评估角色的人员。

我们认为这些类别不是相互排斥的,而是相互关联的。一位创造者可以同时是评估者,一名修改者也可以同时是分享者。因此,我们倾向于强调这个过程如何突出消费者的行动,而且这个过程和 Dujarier 提出的三种配置理论是一致的。

创造者一词主要指的是 Anderson(2012)提出的"制造商",即一个人或一个集团以商业化为目的来生产产品。由于越来越多的人通过 DIY 和 DIWO(与其他人一起做)活动来制造独一无二的物品,产消一体化假定了创造活动的维度。DIY 和 DIWO 都允许人们通过协作和共享文本资源如视频和网络工具来创建复杂的技术设备。

"修改者"这个词也可以归在创造者中,或者作为创造者的一部分,但我们更倾向于将修改者和创造者分开归类。修改者特指那些专门修改、改造或改进某些现有产品的人。从创新和处理能力的角度来看,我们认为这个过程首先是文化性的,即任何破损的事物都可以被修复(Thompson,2013),然后才是技术性的。修改者的工作环境与创造者类似。在这个工作环境中,合作与竞争以及竞争和偏离的程度都通过市场来达到平衡。修改者的宗旨是修改、修复和改进大规模生产的产品,以及发展和促进以延伸产品生命周期和减少废物为目的的文化。

"分享者"指的是那些强调合作经济(即共享经济)机遇的人们。在共享经济中,共享是产生价值的因素。公共利益的意义跨越了产消者的四种类别,但在第四类中尤为重要。在共享经济中,使用与合作的意义超过了消费和所有权。共享经济模式被创造的可能性正在迅速扩大,那些被降级到市场经济边缘的人(Brynjolfsson &

CREATIVE
ECONOMY
AND
MANAGEMENT
VOL.3 NO.1,
2017

027

McA-fee,2014)也有实现共享经济的可能。

　　以共同利益、再分配制度和协作生活方式为主的社区已经开始重新定义消费的概念,并对我们的消费方式提出了质疑。如今,协同消费的基本前提已经变得更加成熟,包括公共产品的现存价值、陌生人之间的信任、参与者的少量基本知识及其自主性(Botsman,Rogers,2010)。产消者的这四种类型是相互联系和制衡的,尽管实际现象中四种类型不是经常同时出现的。

　　最后,评估者指的是那些测试和评估产品或服务的人,是所谓的声誉经济的主角。在传统术语方面,他们被定义为早期的适配者。而在数字社会中,评估者非常重要,因为他们不仅代表了作为商业信息扩散渠道的声誉经济营销,而且能够通过充当同行间的研发部门来创造消费者剩余。创新的速度越快,商业产品就会被淘汰得越快,而剩余的产品则被继续不断测试和评估。因此,消费和使用已成为一个测试过程,能够为产品的后续版本提供创意和建议。有些解决方案是由于产消者的经验才得以发现的,反过来这也能够使产消者的自我得到提升。

四、结论

　　我们都知道消费者的社会形象建立在一个乌托邦的基础上,这个基础可以是品牌乌托邦、网络乌托邦、加州意识形态或生态乌托邦。品牌乌托邦一词是指由品牌创造的乌托邦,使品牌的所有权在建立品牌标识方面发挥作用。网络乌托邦是一种后现代世俗宗教,它一方面代表着一种反对资本化制度剥削的自由主义的美好愿景,另一方面代表了通过社会网络平台实施的对象控制战略的思想基础(Morozov,2011)。加州意识形态则强调每个成员都将通过信息技术、个人赋权和急剧减少的国家权力,成为一个成功的高科技企业家。加州乌托邦是指一个特定的消费文化,这个文化将实现全球经济化的加州视为神话般的地方。而生态乌托邦理论认为,增长理念必须与长期可持续发展的理念相协调;同时,人们必须从经典经济逻辑领域转向可再生能源、清洁技术和绿色商业这些新领域。

　　在这样的背景下,根据Ritzer(2014b)提出的方案,产消者可以在产消合一机器和产消合一机器人的不断扩散下存活,并且能够解决以上提到的矛盾。数字化的过程导致了位社会(Bit society)的兴起,这个过程强调了如何灵活区分生产和突出产消合一概念的消费。因此,在创意阶层视角(Florida,2003)的指导下,我们有可能把手工技能下的创新过程理论化。这个过程减少了工作、学习和娱乐之间的界限,创造了一个不可能区分空闲时间、购物和工作的场景。这个创造性的场景(De Masi,2002)是工作、娱乐和学习之间的纽带,从而使它们共同创造知识和幸福。

参考文献

[1] McLuhan M. Nevitt B. (1972),*Take today; the executive as dropout*, Harcourt Brace Jovanovich, San Diego.

[2] Toffler A. (1980), *The Third Wave*, William Morrow & Company, New York (trad. it.: *La terzaondata*, Sperling&Kupfer, Milano, 1987).

[3] Ritzer G., Jurgenson N. (2010), "Production, Consumption, Prosumption: The Nature of Capitalism in the Age of the Digital Prosumer",*Journal of ConsumerCulture*, 10, 1: 13 - 36 (trad. it.: "Produzione, consumo, prosumerismo: la natura del capitalismonell'era del "prosumer" digitale", in *Sociologiadellacomunicazione*, 43:

028

pp. 17 – 40, 2012).

[4] Rifkin J. (2014),*The Zero Marginal Cost Society; The Internet of Things, The Collaborative Commons, and the Collapse of Capitalism*, Palgrave Macmillian, New York (trad. it.: *La società a costomarginale zero. L'internet delle cose, l'ascesa del 《commons》 collaborativo e l'eclissi del capitalismo*, Mondadori, Milano, 2014).

[5] Bruns A. (2008),*Blogs, Wikipedia, Second Life and Beyond: From Production to Produsage*, Peter Lang, New York.

[6] Prahalad C.K., Ramaswamy V. (2004),*The Future of Competition: Co-Creating Unique Value With Customers*, Harvard Business School Press, Boston (trad. it.: *Il futurodellacompetizione. Co-creare valore eccezionale con i clienti*, Il Sole 24 ORE, Milano, 2004).

[7] Ramaswamy V., Kerimcan O. (2014),*The Co-Creation Paradigm*, Stanford University Press, Palo Alto.

[8] Ritzer G. (2014a), "Prosumption: Evolution, Revolution, or Eternal Return of the Same?" ,*Journal of Consumer Culture*, 14, 3: 3 – 25.

[9] Frayssé O., O'Neil M.(2015),*Digital Labour and Prosumer Capitalism.The US Matrix.Dynamics of Virtual Work*, Palgrave MacMillian, London.

[10] Storch, H.F., (1815),*Cours d'économie politique, ou exposition des principes qui déterminent la prospérité des nations*, vol. 6, Saint Petersburg (trad. it.:, *Corso di economia politica o esposizione di principî che determinano la prosperità delle nazioni*, Torino, 1853).

[11] Barnard C.I. (1938),*The Functions of the Executive*, Harvard University Press, Cambridge.

[12] Parsons P. (1970),*The Social System*, Routledge London.

[13] Fuchs C. (2014),*Social Media: A Critical Introduction*, Sage, London.

[14] Goffman E. (1961),*Asylums. Essays on the Social Situation of Mental Patients and Other Inmates*, Anchor Books, New York (trad. it.: *Asylums. Le istituzioni totali: i meccanismi dell'esclusione e della violenza*, Edizioni di Comunita 8 1,3Roma; 61991).

[15] Hochschild A.R. (1983),*The Managed Heart: Commercialization of Human Feeling*, University of California Press, Oakland.

[16] Bell D. (1976),*The Coming of Post-Industrial Society*, Basic Books (AZ), New York.

[17] Negri A. (1989),*The Politics of Subversion: A Manifesto for the Twenty-first Century*, Polity Press, Cambridge.

[18] Virilio P. (2000), *The Kosovo War Took Place In Orbital Space. Paulo Virilio in Conversation with John Armitage*, Arthur and MarilouiseKroker, Editors, testodisponibile al sito: http://www.ctheory.net/articles.aspx? id= 132 (09 febbraio 2014).

[19] Hardt M., Negri A. (2000),*Impero*, Rizzoli, Milano.

[20] Ritzer G. (1998),*TheMcDonaldization Thesis*, Sage, London.

[21] Lee R., Wellman B. (2012),*The New Social Operating System*, MIT Press, Cambridge (trad. it.: *Networked. Il*

CREATIVE
ECONOMY
AND
MANAGEMENT
VOL.3 NO.1,
2017

029

nuovo sistema operativo sociale, Guerini & Associati, Milano, 2012).

[22] Mazzoli L., a cura di (2009),*Network Effect. Quando la rete diventa pop*, Codice Edizioni, Torino.

[23] Gauntlett D. (2012),*Making Is Connecting: the Social Meaning of Creativity, from DIY and Knitting to YouTube and Web 2.0*, Polity Press, Cambridge (trad. it.: *La società dei Makers. La creatività dal fai da te al Web 2.0*, Marsilio, Venezia, 2013).

[24] Beer D., Burrows R. (2007), "Sociology and, of and in Web 2.0: Some Initial Considerations",*Sociological Research Online*, 12, 5; testodisponibile al sito: http://www.socresonline.org.uk/12/5/17.html (11 novembre 2014).

[25] Newman M. (2005),*Socialism: A Very Short Introduction*, Oxford University Press, Oxford.

[26] Ritzer G., Jurgenson N. (2010), "Production, Consumption, Prosumption: The Nature of Capitalism in the Age of the Digital Prosumer",*Journal of ConsumerCulture*, 10, 1: 13 – 36 (trad. it.: "Produzione, consumo, prosumerismo: la natura del capitalismonell'era del "prosumer" digitale", in *Sociologiadellacomunicazione*, 43: pp. 17 – 40, 2012).

[27] Scholz T. (2012),*Digital Labor: The Internet as Playground and Factory*, Routledge, London.

[28] Terranova T. (2000), "Free Labor: Producing Culture for the Digital Economy",*Social Text*, 18, 2: 33 – 58.

[29] Kleemann F., Voß G.G., Rieder K. (2008), "Un(der)paid Innovators: The Commercial Utilization of Consumer Work through Crowdsourcing",*Science, Technology & Innovation Studies*, 4, 1: pp. 5 – 26.

[30] Rieder K., Voß G.G. (2010), "The Working Customer – an Emerging New Type of Consumer",*Psychology of Everyday Activity*, 3, 2: pp. 2 – 10.

[31] Voß G.G., Rieder K. (2005),*Der arbeitende Kunde. WennKonsumentenzuunbezahltenMitarbeitern warden*, Frankfurt a. M., Campus.

[32] Dujarier M. (2008),*Le travail du consommateur*, La Découverte, Paris.

[33] Hung, K. H. &Yiyan Li S. (2007), "The influence of eWOM on virtual consumer communities: Social capital, consumer learning, and behavioral outcomes",*Journal of Advertising Research*, 47 (4), 485 – 495.

[34] Lee M. &Seounmi Y. (2009), "Electronic word of mouth (eWOM): How eWOM platforms influence consumer product judgement",*International Journal of Advertising*, 28 (3), 473 – 499.

[35] Dujarier M.A. (2014), "The three sociological types of consumer work",*Journal of Consumer Culture*, first published on April 8.

[36] Warde A. (2005), "Consumption and Theories of Practice",*Journal of Consumer Culture*, 5, 2: 131 – 153.

[37] Zwick D., Bonsu S.K, Darmody A. (2008), "Putting Consumers to Work: Co-creation and new marketing gov-ern-mentality",*Journal of Consumer Culture*, 8, 2: 163 – 169.

[38] Howe J. (2009),*Crowdsourcing: why the Power of the Crowd is Driving the Future of Business*, Random House, New York (trad. it.: *Crowdsourcing. Il valore partecipativo come risorsa per il futuro del business*, Luca Sossel-

030

la, Roma, 2010).

[39] Miller D. (1995),*Worlds Apart. Modernity Through the Prism of the Local*, Routledge, London.

[40] Swartz B. (2004),*The Paradox of Choice. Why More Is Less*, Harper Collins, New York.

[41] Couldry N. (2004), "The productive consumer and the dispersed citizen" ,*International Journal of Cultural Studies*, 7, 1: 21 – 32.

[42] Sennett R. (2012),*Together: The Rituals, Pleasures and Politics of Cooperation*, Yale University Press, New Haven (trad. it.: *Insieme. Rituali, piaceri, politichedellacollaborazione*, Feltrinelli, Milano, 2012).

[43] Hewson M. (2010),*Agency*, in Mills A., Durepos G., Wiebe E., *Encyclopedia of Case Study Research*, I, II, Sage, London.

[44] Campbell C. (2007),*The Easternizationof the West*, Paradigm Publishers, Boulder.

[45] Cova B.,Dalli D. (2009), "Working Consumers: the Next Step in Marketing Theory?" ,*Marketing Theory*, 9, 3: 315 – 339.

[46] Bartoletti R., Paltrinieri R. (2012), "Consumo e prosumerismo in rete: processi di creazione di valore" , *Sociologia della comunicazione*, 43: 7 – 14.

[47] Anderson C. (2012),*Makers: The New Industrial Revolution*, Crown Publishing Group, New York (trad. it.: *Makers. Il ritorno dei produttori. Per una nuova rivoluzione industriale*, Rizzoli, Milano, 2013).

[48] Thompson C. (2013),*Smarter Than You Think: How Technology is Changing Our Minds for the Better*, Penguin Press, London.

[49] Brynjolfsson E., McAfee A. (2014),*The Second Machine Age: Work, Progress, and Prosperity in a Time of Brilliant Technologies*, W.W. Norton & Company, New York.

[50] Botsman R., Rogers R. (2010),*What's Mine Is Yours: The Rise of Collaborative Consumption*, Harper Collins, New York.

[51] Morozov E. (2012)*The Net Delusion: The Dark Side of Internet Freedom*, Perseus Group, New York (trad. it.: *L'ingenuità della rete. Il lato oscuro della libertà di internet*, Codice Edizioni, Torino, 2012).

[52] Ritzer G. (2014b),*The Rise of the Prosuming Machines*,testodisponibile al sito:https://georgeritzer.wordpress.com/2014/03/23/the-rise-of-the-prosuming-machines/ (6 febbraio 2014).

[53] Florida R. (2003), *The Rise of the Creative Class*, Basic Books, New York (trad. it.: *L'ascesadellanuovaclassecreativa. Stile di vita, valori e professioni*, Mondadori, Milano, 2003).

[54] De Masi D. (2002),*Ozio creativo. Conversazione con Maria Serena Palieri*, Rizzoli, Milano.

[55] Ritzer G. (2003a), "Rethinking Globalization: Glocalization/Grobalization and Something/Nothing" ,*Sociological Theory*, 21, 3: 193 – 209.

CREATIVE
ECONOMY
AND
MANAGEMENT
VOL.3 NO.1,
2017

The prosumer in the Digital Society

Piergiorgio Degli Esposti

Abstract: The process of digitalizationunderlines the flexible distinction between production and consumption. As a result the ideas and theories associated with the concepts of prosumers and prosumerism have recently garnered a great deal of attention from both the academic, and the "mainstream" world. This article attempts to provide a better understanding of presumption from the perspectives of its theoretical framework, the main characteristics of prosumeractivity, and the contradictions of prosumers.

Key Words: the digital society; prosumer; the integration of producer and consumer

创意经济与管理
2017 年第 1 卷

032

共享经济主导范式下长三角创意产业价值共创研究
—— 基于园区组织生态圈视角

沈 蕾 张 悦

摘要：共享经济成为当今时代发展的主导范式,在该范式下创意产业园区组织生态建设成为社会与地方政府关注的焦点。本文从组织生态圈的研究视角出发,系统性地归纳与总结了共享经济的时代特征、创意产业园区生态圈建设及基于顾客主导逻辑、服务主导逻辑及产消者主导逻辑的价值共创等相关性研究,并指出现阶段有关园区组织生态建设研究的不足之处。此外,本文结合长三角地方特色及创意产业园区发展现状提出相关政策建议,并基于此对未来研究方向进行研究展望。

关键词：共享经济；创意产业园区；生态圈；产消者逻辑；价值共创

0 引言

国家"十三五"规划指出,创新、协调、绿色、开放、共享五大发展理念是具有内在联系的联合体,是我国未来发展思路、发展方向、发展着力点的集中体现。秉承五大发展理念,纵观我国产业发展革新,数字创意等创意产业的发展成为十三五以来我国产业革新与发展的支柱之一。近年来,创意产业园区秉持"创意规划,落地经营"的发展理念,以混合多业态为主要抓手,呈现出知识共享联动、开放融合发展、信息网络平台做引擎的特点。

互联网的发展推动了共享经济的发展[1],使其呈现了低成本、可持续、弱产权、共协同等方面的特征,为创意产业园区的发展提供了开放共享的社会环境。同时,共享经济推动了社会创造力的激增,其通过完善社会共享模式下的资金运作方式,降低创新及创业成本,催生符合时代特征的创新技术、模式和业态,并通过新技术、新媒体、新工具、新产品的多样化发展,巩固社会共享发展模式。基于此,共享经济为协调创意产业间生态关系提供了优质的社会氛围,并通过构建信息、资金、技术、人才等共享共建平台,最终实现创意产业的价值共创。

1. 国内外研究现状

1.1 创意产业发展特征

"创意产业"一词最早于 1997 年被提出,这一代表文化、艺术、知识产权、娱乐等相关领域的产业集合,是现代社会创新、共享、协同、合作的典范。

近年来,学者就创意产业集聚、创意产业发展制约因素、知识产权等问题进行了进一步研讨分析。Bas Van Heur(2009)重点分析了创意性社会网络中的创意结构的

沈蕾,女,浙江宁波人,东华大学旭日工商管理学院,教授；研究方向：创意产业；产消合一与共享经济；价值共创与组织生态建设。
张悦,女,河北邯郸人,东华大学旭日工商管理学院,博士研究生；研究方向：创意产业；组织生态建设。

CREATIVE
ECONOMY
AND
MANAGEMENT
VOL.3 NO.1,
2017

033

转换机制,指明创意结构的变异和发展与创意产业的集聚存在相关关系。此外,Caroline & Roberta(2010)进一步分析了基础设施建设、个人的知识性、技术的先进性等对创意文化产业及创意结构的影响作用。Smit(2011)着重分析了区域视觉形式对创意创业者的区域性决策的影响;Piergiovamni & Carree(2012)指出创意产业的创意活动影响区域员工雇佣;Enrico & Paola(2013)基于区域地理研究视角,探讨了个性化环境对创意产业发展的影响。创意产业的发展与研究理论,对于城市创意产业集聚园区的建设具有重要的理论指导意义,园区建设应更加注重基础设施建设、个性化发展环境、个体知识结构特征、高新技术的推广性等方面的扶持与建设力度,为创意产业的社会协同效应培育良好的社会环境。

1.2 创意产业园区区位研究

英国国家科学基金(NESTA)(2003)对创意产业园区做了相关性定义,创业产业以小微型企业为主,其组织类型决定了其聚集性特征,其发展趋势是在特定区位内实现集聚,英国的中央伦敦、北部剑桥等区域均被视为创意产业区,该类型园区具有同质性创意产业集聚、组织柔性化生产、产消链式聚合的色彩。O.Connor(2006)指出创意产业集聚区多集中于较为发达的城市地区,产业集聚的区域化效应明显。Henderson & Scott(2006)再次指明创意产业园区内创意企业功能多表现为:创业者行为及新型企业形式的更新;组织与技术的更新换代;文化产品的重构。Landry C从区位地理位置角度分析,创意产业园区多向中心城区及城市边缘地带聚合,形成城市区域内多中心联动发展模式。[2]国内学者厉无畏(2007)指出创意产业园区提升了地区的辐射作用[3],同时创意产业的聚集效应带动了第三产业链条的延伸,催生新的经济体的发展与壮大,伴随创意城市理念的兴起,创意产业园区成为社会经济发展方式改变与提升城市综合印象力的首要形式。

1.3 价值共创理论研究现状

Vargo & Lusch(2008)指出价值共创研究主要关注顾客和企业价值共创价值的二元关系[4],随着研究的深入发展,顾客体验(Customer experience)、顾客主导逻辑(Customer-dominant logic)和服务主导逻辑(Service-dominant logic)成为研究的主要方向。Heinonen等(2010)指出价值共创主要以顾客为中心,强调价值创造过程中顾客的独创价值[5];Pinho等(2014)指出随着互联网经济的高速发展,价值共创主体呈现多样化发展的态势,价值链的上下游主体均参与到价值共创的过程中,如供应商、顾客、合作者、商业伙伴等[6]。同时,在服务主导逻辑的范式下,衍生出服务生态系统等视角,更加契合于组织生态系统中产业价值共创方向研究,为创意产业的价值共创的服务逻辑提供更加宏观的视角(图1)。

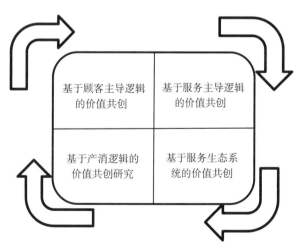

图1 价值共创研究逻辑图

1.3.1 基于顾客体验的价值共创

在基于顾客体验的价值共创的研究中,Lengnick-Hall(1996)和Wikström(1996b)提出重点关注顾客消费体验,凸显顾客在价值创造过程中的主体性地位。[7] Prahalad 和 Ramaswamy(2000,2004)在其研究中同样指

034

出顾客个性化体验在价值共创中的重要作用,与此同时,企业通过协调顾客的个性化体验,保证其个性化参与的连续性,以达到更好地适应市场、服务顾客的目的,最终实现企业效益最大化及以顾客体验为核心的价值共创。

1.3.2　基于服务主导逻辑的价值共创

基于服务主导逻辑的价值共创是学者在顾客主导逻辑的基础上进一步发展和沿袭的研究视角。Vargo 和 Lusch(2004,2006,2008)指出服务中心主导逻辑是由顾客导向的。特定技能和知识的应用是服务与服务间交换的基础单元,知识与技能为基础性资源提供竞争优势。[8,9,10]Payne(2008,2009)在服务主导逻辑下,研究了顾客学习与组织学习共同创造价值的内容,并在该研究逻辑基础上,展示了品牌体验在价值共创方面的个性化特征。[11,12]Grönroos 和 Voima(2013)基于服务主导逻辑,从供应商视角、连接视角、顾客视角分析企业与顾客的行为互动,并指出顾客与企业的互动直接或间接的导致价值创造或价值共创的差异化形式。[13]

1.3.3　基于服务生态系统的价值共创

基于服务主导逻辑所衍生的服务生态系统的价值共创为进一步研究组织生态系统内价值共创提供研究思路。Edvardsson 等(2011)从社会结构理论(社会结构、社会系统、角色、互动活动、社会结构重塑)等角度拓宽服务交换与价值共创的理解。[14]Vargo 和 Lusch(2010,2011,2016)指出服务生态系统视角超越了服务科学视角下服务系统和服务系统之间的互动范畴,强调服务生态系统是由动态社会网络构成的,具有鲜明的结构性特征,发挥系统内参与者知识共享作用,以实现资源整合。[15,16,17]在研究服务生态系统的运作模式的基础上,Chandler 和 Vargo(2011)指明价值共创的基础程序涉及宏观、中观、微观三部分,这三部分的共同作用机制可以更好地推动服务生态系统的建设。[18]综上,服务生态系统完善与巩固了服务在交换过程中的基础性地位,社会网络的动态性、参与者的多样性、社会规范的约束性等共同打造了服务生态系统的创新性结构特征。

1.3.4　基于产消逻辑的价值共创

产消(Prosumtion)一词是生产(Production)与消费(Consumption)的合成词,它指将一种将生产与消费结合为一的经济活动,并由 Toffler 在 1980 年的著作"第三次浪潮"中做出详尽的阐释[19]。Web 2.0 时代,信息技术使得人们能很容易在网络上分享彼此的观点和体验,用户生成内容(UGC)惊人增长的背后是生产方式的变革。该背景下,Ritzer 等(2015)系统性地阐释和讨论了一系列与产消现象有关的资本运行及社会经济问题[20]。由此,"产消者"在共享经济网络平台上不仅"消费"信息,"购买"商品,还"创建"用户生成内容形成产品(服务),并成为新的生产主体。以往,顾客与企业关系被视为价值交换的关系[21]。学者多侧重于研究顾客买了什么,而忽略了顾客做了什么[22]。在产消逻辑被引入消费领域之后,Pietrykowski(2007)认为顾客认同及顾客身份在消费的同时也是在重新生产[23];Ritzer(2013)提出了产消连续带模型,认为产消是以一个连续体形式存在的过程[24];Seran 等(2014)认为创造产消体验不仅需要企业和顾客,还需要参与和创新[25]。沈蕾等评述了产消者研究状况[26],并探讨了中国情境下的产消者行为。因此,产消合一并不是生产和消费的简单集合,而是价值共创的核心要素。

一个成功的价值共创平台并非仅是提供简单的渠道或纯粹的中介服务,它需要开启多边市场间从未被挖掘的功能,从而打造出完善的、成长潜能强大的"平台生态圈"。从产消视角探讨价值共创机制,是在共享经济平台理论与服务主导逻辑理论整合基础上完成,这将区别传统的供应链理论视角,通过产消机制引导平台生态圈各参与者对平台所配备的信息管理设备和系统充分利用,由此将各自的资源合理地配置到服务创新的不同环节,实现价值共创,并带来各方"利益共担、价值共享"。

CREATIVE
ECONOMY
AND
MANAGEMENT
VOL.3 NO.1,
2017

035

1.4 园区生态圈建设

1.4.1 商业生态圈

衍生于生态学的生态圈概念，是指特定区域内有机体与生存环境构成的相互作用的系统。追溯生态圈研究发现，Moore(1993,1996)首次用生态圈概念来描述创新领域的系统特征，并基于此提出商业生态圈的概念，将商业生态圈定义为一种经济社区形式的有机商业体，该经济社区内同样强调利益相关组织间的网络关系。[27,28]Kim(2010)强调商业生态圈内企业间的共生关系，国内学者廖建文(2012)在此基础上发展了商业生态圈的互生、共生与重生的三维关系。该理论在商业发展、互联网平台建设等领域均引起学者的广泛关注。生态圈概念与商业组织的整合，打破了传统资源基础观视角下企业研究的局限，强调组织内部与组织环境的协同，延长了企业的产业链，在价值捕获、价值创造环节扩大了影响力，且生态圈内的主体可以通过合作实现价值共创。

1.4.2 创新生态系统

"创新生态系统"主要是指运用创新生态理论研究企业创新、创业发展所形成的可持续、可循环的生态圈系统。达特茅斯大学塔克商学院战略教授 Ron Adner(2006)认为创新生态系统是一种协同整合机制。[29]对于创新生态系统特征方面，孙洪昌(2007)指出开发区创新生态系统具有成员复杂性、系统开放性及自组织性等典型特征。[30]冉奥博、刘云(2014)从技术发展视角界定创新生态系统，揭示该系统的"技术研发—技术应用—技术衍生"循环螺旋上升结构特征。[31]在创新系统内部结构特征研究方面，曹祎遐、高文婧(2015)提出，创新生态系统由核心(关键)企业、创新链、价值链和创新环境等部分组成，通过相互作用机制，达到价值共创的社会效应，并拓展了内外部环境对系统的发展的重大影响效应。[32]在明晰界定创新生态系统的组织结构特征的基础上，罗国锋、林笑宜(2015)从系统演化机制角度深化创新生态系统的研究，指出创新生态系统内部更替演化机制以遗传和变异为主要形式，其中部分企业会存在衍生与选择现象，四种演化形式均促进了生态系统内部优质企业的发展，同时保证了相关利益群体更好地融入合作创新的领域与环节。[33]

2. 长三角创意产业园区发展现状

2.1 创意产业园区地区性特征

长三角地区经济实力强，地区创意产业发展基础良好，加之国家及地方政府出台相关扶持创意产业发展的政策，使长三角地区创意产业呈现蓬勃发展的态势。同时，长三角地区在授权专利、研发经费支出方面都处于全国前列，且拥有丰厚的文化底蕴，海派文化、吴越文化、金陵文化等源远流长，促进了地方特色化创意产业的发展。如上海发展了以"文创＋旅游"为主的园区发展模式，江苏地区园区更多的呈现出以"文创＋金融"为主的地方特色，浙江则着重发展以"文创＋高端制造"为主的创意产业园区模式。在共享经济范式下，长三角地区创意产业园区组织生态位的确立与发展，园区内创意产业价值共创研究机理及园区组织生态圈直接的协同创新成为社会发展与研究的热点，并将通过活化国内消费市场，引领社会风尚，为深化改革创新提供动力支持和智力保障。

2.2 创意产业园区发展效用分析

长三角地区的创意产业园区建设与发展已形成一定的区域品牌效应与产业优势，园区的集聚效应加速了组织内部的知识溢出，促进企业间的协同创新。与此同时，该地区的创意产业园区发展绩效成为评定园区竞争力与发展潜力的重要指标，长三角地区创意产业园区当前发展前景而言可分为 3 类，即软件研发类、建筑设计类和文娱产业类，其效用特征表现如表 1 所示。

036

表 1　长三角创意产业园效用特征汇总表

类型	效用特征	园区代表
软件研发类	资金周转力强，增长潜力巨大	西溪创意产业园(浙江) 美莱美台州设计创意产业园(浙江) 沐阳软件产业园(江苏) SVA 越界(上海) 天地软件园(上海) 中环滨江 128(上海)
建筑设计类	项目规模大，建设周期长	江苏建筑工程设计创意产业园(江苏) 之江文化创意产业园(浙江) 昂立设计创意园(上海) 海上海(上海) 创邑金沙谷(上海)
文娱产业类	客流量大，经济增长动力足	1895 文化创意产业园区(江苏) 东方一号创意产业园(江苏) Loft49 创意产业园(浙江) X2 创意空间(上海) 尚街 loft(上海)

3. 创意园区组织生态价值共创演化机制分析

3.1　集聚效应与外部经济

　　园区内创意产业的集聚，引发组织的螺旋式自增强机制，形成良好的文化艺术氛围，为园区生态系统的构建和发展提供了足够的种群资源和宽松的生态环境，随着各商业机构的涌入，组织种群数量和类型都得到了极大的提升，整个系统当中的物种更加复杂，形成了一个完整的生态群落状态。上海的同乐坊、海上海、昂立设计创意园、北京 798 创意园区等创意产业集聚区近 10 年的发展纷纷营造了良好的组织生态运作环境，集聚所引发的效用特征催生了新兴产业链的优化升级，并因而形成聚合、渗透、激活的"引爆效果"。

　　同时，创意园区产业集聚促进了知识溢出与科技溢出，加快了园区内知识传递与科技创新的步伐，但相对松

散的无组织集聚现象，使园区内的科技创新生态未达到次优水平，为政府的激励性政策提供了空间。但园区内企业之间的网络关系及集体行为的"锁定"，阻碍了企业组织拓宽业务范围，造成企业的创新发展的"生命体征"逐渐弱化，形成组织生态的"系统失灵"，其催生了集群的脆弱性及僵化特征，并导致园区内竞争压力减弱和内在衰退等一系列陷阱与风险。

3.2　竞合效应与差异化竞争

　　长三角地区政府制定了鼓励创意产业发展相关政策，均有效促进当地创意产业园区的发展与建设，在政府政策大力支持下(表 2)，创意产业园区内各类企业特征明显且各具优势，通过相互分工、竞争与合作共同演进，构建园区内范围广阔的价值星系，促进创意产业园区的共生发展。

表 2　长三角地区部分创意产业发展政策

地区	文件名称	效果
上海	《徐汇区软件和信息服务业发展推进计划》	对软件研发类产业予以资金扶持、人才补贴等优惠
	《普陀区信息产业发展扶持政策》	重点扶持软件、软件服务外包等领域企业
	《长宁区加速发展现代服务业的产业政策意见》	催生优质现代化服务业，形成创意服务、人本服务、科学服务的有机统一
江苏	《省政府办公厅关于进一步加强文化产业园区(基地)建设的意见(2013)》	为文化产业发展提供场地支持，促进产业的优化升级
	《省政府办公厅关于推进众创社区建设的实施意见(2016)》	为创业孵化器提供政策支持，促进小微企业的建设与发展
浙江	《"浙江省外商投资新兴产业示范基地"和"浙江省开发区特色品牌园区"认定管理暂行办法(2014)》	形成地区品牌效应与建设优势

CREATIVE
ECONOMY
AND
MANAGEMENT
VOL.3 NO.1,
2017

037

然而,部分地区在没有统一创意产业部门界定的情况下发展创意产业,导致了文化广播、信息经济等多个部门条块分割式管理,制约了产业融合与渗透的能力,也造成了资源利用效率低下。同时,园区内的经济利益驱动下的不良商业竞争,造成园区生态系统的异位,创意环境与商业环境的共生矛盾难以调和,难以发挥交易网络的"结构洞"优势。同一地区不同园区进行特色挖掘,构建差异化发展模式,建设城市区域内的统筹协调机制迫在眉睫。

3.3 声誉效应与区域品牌

自 2005 年起,上海市政府作为创意城市正式发声,启动 18 个创意产业集聚区,同年 8 月,以人大常委会主任挂帅的上海市创意产业协会挂牌成立,将创意产业作为经济转型的重要战略,并以建立"国家创意产业中心"为目标,引领长三角乃至全国创意产业的发展,形成的海派时尚创意产业发展模式,享誉国内外。

区域品牌是区域产业区各产业合作发展的产物,并通过相应的正反馈机制,促进区域的协同创新,实现区域内各产业间的自我强化和效用协同,同时结合当地的文化特征,建立具有地方特色的区域品牌声誉,进一步强化区域的"递归强化"作用。

区域品牌建设发展与城市区域群发展相辅相成,以长三角为代表的创意产业发展创新极化现象明显,创意产业园区发挥科技、技术、创意理念扩散效应的同时,不可避免的形成一定区域的回波效应,即创意创新园区与老旧工业城区的两极分化;区域品牌建设过程中,艺术园区的生态系统与商业园区生态系统的创作逻辑与经营规律存在差异,相关政府部门发挥区域统筹,协同规划作用责无旁贷。

3.4 模块化效应与价值网络

创意产业集群价值网络的模块化分解与集成以功能为导向,既包括产业链分解,又包括资源的整合。园区内

不同模块化组织之间的耦合承兑成为创意产业集群提高价值创造效率、促进集群价值网络有效运作、实现持续健康发展的关键。研究发现,知识、信息、技术、人才、文化、创意、资源、战略、能力和环境等关键性影响创意产业集群价值创造的因素对园区内创意产业价值网的构建具有显著的影响。此外,新生代创意阶层的群体特征催生创意产业的非线性创新结构,从而进一步促进创意产业园区的自组织系统的重构,促进创意产业园区走向高速、良性增长发展路径。

创意产业集群价值模块化耦合能够充分发挥各模块的核心竞争力,扩展组织的能力边界,提高组织的绩效水平,优化集群的创新生态系统。园区内实现各产业的创新协同,构建有效、合理、科学、先进的价值网络、社会网络、创新网络,实现组织内外部流程、内外网络环境的互动,明晰园区生态系统内的集群模块、网络个体信息模块、网络契约模块及价值网络结构模块的设计,成为园区创新协同,实现价值共创的关键。

3.5 生态位效应与价值共创

生态位主要是指(邢以群、吴征,2005),一种是以资源的多维空间占据为基础,强调每个企业占据的资源空间的一部分或全部;另一种以企业同环境的匹配状态为基础,认为生态位是企业在资源需求和生产能力方面匹配后所处的状态。在创意园区组织生态系统中,每一个企业都占有一定的资源,并服务于一定的目标市场,当不同企业之间对起源的需求、能力以及服务的目标市场又重叠的时候,就会出现生态位重叠(Niche Overlap)。

创意产业园区生态系统内部,在确立各企业生态位的基础上,该系统以 A2A(actor to actor,参与者行为受社会网络中的外部性与内生性差异所影响)为导向的资源整合和服务提供的互动,该生态系统强调制度与社会规范的作用,并强调资源整合、服务提供的互动和制度在价

038

值共创中的重要性。要实现园区企业价值共创,必须建立相应的管理制度范式,构建价值共创的核心推动力。

4. 解决园区发展困境与基本对策

4.1 产业集聚与联动战略

城市政府一方面应当在创意城市的指导下提高创意园区的融资环境,完善创意的商务化运作模式,从根本上为创意产业的发展提供良好的创意经营环境,建设资金灵活运作、基础设施健全、创意人才集聚、科技创新与知识创新相协同的公共服务平台。另一方面应扶持建立集群社会网络与协作平台,强化产业园区内部与产业园区之间园区生态建设的互通共生关系,形成以上海市为龙头的长三角创意产业发展联动机制。

特色小镇兴起于浙江,逐渐壮大于长三角,如今正以燎原之势在全国拓展开来,成为我国新型城镇化建设和产业转型升级的重要抓手。创意产业园区间的集聚效应与协同发展,推动了当地特色小镇的兴盛,并形成增量经济。发挥园区产业联动机制的基础上,健全小镇规划设计、开发建设、投融资、运营管理、孵化器、人才培训等方面的建设管理,才能更好地推动长三角地区创意产业点线面立体动态协同发展。

4.2 特色凸显与强化战略

协同合作成为合理配置资源,建立竞争优势的关键,园区企业在发展过程中应注重战略联盟、伙伴关系的建设与培养,谋求长期有效合作。在合作的过程中,通过协同来发挥资源的最大效能,创造自己的竞争优势。继续发挥各园区的地区优势,建立独具特色的创意产业生态园区,避免建设的重复与盲目复制。

发挥园区特色优势,带动特色小镇规模化发展与经营,建设以金融服务业集聚区为核心的基金小镇、特色旅游为核心的旅游小镇、以"生产""服务"为依托产业的互联网小镇等,探索地方特色,发挥地方小镇的品牌优势,培育区域核心竞争力。

4.3 区域协调与统筹战略

充分利用创意产业园区区域品牌价值,为创意产业寻找新的经济增长点,拓宽创意资本吸收渠道,保证创意产业的自主研发功能,推动园区内企业的协同创新,构建创新生态,实现知识质量管理,更好地推动创意产业的发展。

以"创意共筹,落地运营"为核心理念,且以创意产业园区为依托,在区域协调与统筹管理模式下,结合资金资本、人才团队、智库平台、IP 项目(产业 IP、服务 IP、运营 IP)与品牌企业等资源,促进产城综合开发与运营,以 ppp 架构利用为手段,推动长三角创意园区到特色小镇的区域统筹发展。

4.4 网络构建与模块提升战略

要促进新技术和新企业的增长,建立园区建设的网络平台,发展特殊的信息及技术交流中心,组织战略问题对话,并进行战略性市场信息与集群研究;建立专门的技术和研究中心,通过结构性激励措施促进技术溢出并鼓励风险投资。

发挥共享经济时代背景下的信息红利及社会网络的联动效应,形成线上线下互动沟通,形成长三角区域的园区及特色小镇建设的统筹发展,通过长三角信息网络的整合、连锁与统一的运营管理、人力资源整合、资本运营等合作手段,充分发挥长三角"整体大于部分之和"的区域经济效应。

4.5 生态位协同与价值共创战略

强调产业园区组织生态系统内部和组织生态系统之间互动,实现复杂网络系统中的资源互动,整合不同利益群体的价值主张,通过制度、技术和创意为共同生产、提

CREATIVE
ECONOMY
AND
MANAGEMENT
VOL.3 NO.1,
2017

039

供服务和共同创造价值而互动的松散耦合的时空结构。建立网络沟通平台,为组织生态圈内企业的良性沟通建立信息化沟通的渠道,确立自身企业的生态位,形成同类生态位企业的协同共进与异质性生态位企业的良性互补机制,实现企业、供应商、园区机构、顾客多主体的实时沟通,提供应对市场需求的创意服务,确定目标市场与服务人群,最终实现园区企业的价值共创。

5. 结语

总体而言,组织生态理论及价值共创研究已较为完善,但对创意产业园区的价值共创机制研究仍以宏观视角为主,并未从生态位细分的角度阐释共享经济范式下创意产业园区的发展路径选择问题。

5.1 对创意产业园区的理解还存在局限性

创意产业园区建设多从区位地理与社会关系网络进行研究,园区内组织协同合作价值共创范式研究较少,尚未为创意园区落地经营及结构优化提供建设性建议。同时,创意产业园区发展的经济学意义尚不明晰,从系统整合观视角研究创意园区生态圈建设相关研究仍显单薄,园区内企业生态位确立与巩固发展有待进一步研究与发展。

5.2 有关价值共创的研究视角相对有限

学者对价值共创理论研究多集中于市场营销与战略管理领域,无论是服务主导逻辑还是顾客体验逻辑,均是从价值获取到价值创造的纵向价值链研究,较少的涉及价值网络与价值星系研究。组织行为与组织间协同创新研究与价值网、价值共创范式研究的整合将是未来研究与发展的方向。价值共创研究的核心是以创新知识为代表的知识溢出与整合研究,创意产业领域的知识协同创新与知识质量管理将为该领域的价值共创研究提供新的研究思路。

5.3 创意产业园区生态系统研究相对薄弱

学者研究了创意产业园区组织生态系统内的互动关系,重点关注创意企业间的竞争、互惠、共生、捕食等多种生态关系,强调个体创意能力对企业组织间协同合作与稳定发展的重要性。但缺少对创意产业园区组织生态系统内企业与其他多种主体间的生态关系研究,同时还缺少对于地域性的创意产业园区生态系统的对比研究,无法解决创意产业园区建设的异质性问题。

5.4 未来研究展望

基于上述分析,未来研究将着力解决基于组织生态视角的创意产业园区企业组织价值共创研究。从创意产业园区内部角度分析,应加强创意产业园区健康生态评价体系研究,确立园区内部企业的生态位特征,为园区创新生态系统的建立与发展奠定基础;此外还应注重园区生态系统运作机理研究,从系统整合观视角研究创意园区的生态圈建设,通过量化研究园区企业经营绩效,建立园区企业竞争力模型,协调园区企业间的协同创新关系,探索园区内部企业的价值共创发展路径。创意产业园区之间建设与研究方面,应加强园区建设异质性的探索与研究,通过整理汇总国外创意园区建设与发展经验,结合地方特色,为我国具有地方特色的创意产业园区建设提供建议。

参考文献

[1] Belk R. You are what you can access: Sharing and collaborative consumption online[J]. Journal of Business Research. 2014(67):1595 – 1600.

040

[2] Landry C. The creative city: A toolkit for urban innovators[M].Earthscan/James & James, 2008.

[3] 厉无畏,王慧敏.创意产业促进经济增长方式转变——机理· 模式· 路径[J].中国工业经济,2007(11)：5－13.

[4] Vargo S L, Lusch R F. Service-dominant logic：Continuing the evolution[J]. Journal of the Academy of Marketing Science,2008,36（1）:1－10.

[5] Heinonen K, Strandvik T, Mickelsson H J,et al. A customer-dominant logic of service[J]. Journal of Service Management,2010,21（4）:531－548.

[6] Pinho N, Beirão G, Patrício L, et al. Understanding value co-creation in complex services with many actors[J]. Journal of Service Management,2014,25(4):470－493.

[7] Lengnick-Hall C A. Customer contributions to quality:A different view of the customer-oriented firm[J]. Academy of Management Review, 1996, 21（3）:791－824.

[8] Vargo S L,Lusch R F. Evolving to a new dominant logic for marketing[J]. Journal of Marketing,2004,68（1）:1－17.

[9] Vargo S L,Lusch R F. Service-dominant logic：What it is , what is not , what it might be[A]. Lusch R F, Vargo S L. The Service-dominant Logic of Marketing：Dialog, Debate and Directions[M]. Armonk, NY：ME Sharpe , 2006: 43－56.

[10] Vargo S L, Lusch R F. Service-dominant logic：Continuing the evolution[J]. Journal of the Academy of Marketing Science, 2008, 36（1）:1－10.

[11] Payne A F, Storbacka K, Frow P. Managing the co-creation of value[J]. Journal of the Academy of Marketing Science, 2008, 36（1）:83－96.

[12] Payne A F, Storbacka K, Frow P, et al. Co-creating brands：Diagnosing and designing the relationship experience[J]. Journal of Business Research, 2009, 62（3）:379－389.

[13] Grönroos C, Voima P. Critical service logic：Making sense of value creation and co-creation[J]. Journal of the Academy of Marketing Science, 2013, 41（2）:133－150.

[14] Edvardsson B, Tronvoll B, Gruber T. Expanding understanding of service exchange and value co-creation：A social construction approach[J]. Journal of the Academy of Marketing Science, 2011, 39（2）:327－339.

[15] Vargo S L, Lusch R F. From repeat patronage to value co-creation in service ecosystems：A transcending conceptualization of relationship[J]. Journal of Business Market Management, 2010, 4（4）:169－179.

[16] Vargo S L , Lusch R F. It's all B2B... and beyond：Toward a systems perspective of the market[J]. Industrial Marketing Management, 2011, 40（2）:181－187.

[17] Vargo S L, Lusch R F. Institutions and axioms：An extension and update of service-dominant logic[J]. Journal of the Academy of Marketing Science, 2016, 44（1）:5－23.

[18] Chandler J D, Vargo S L. Contextualization and value-in-context：How context frames exchange[J]. Marketing Theory, 2011, 11（1）:35－49.

CREATIVE
ECONOMY
AND
MANAGEMENT
VOL.3 NO.1,
2017

041

[19] Toffler A. The third wave[M]. New York: William Morrow, 1980.

[20] Ritzer Geroge. "Prosumer Capitalism" [J],Sociological Quarterly ,2015(56): 413‐445.

[21] Chandler J, Chen S. Prosumer motivations in service experiences[J]. Journal of Service Theory and Practice, 2015, 25(2): 220‐239.

[22] Xie C, Bagozzi R P, Troye S V. Trying to prosume: toward a theory of consumers as co-creators of value[J]. Journal of the Academy of Marketing Science, 2008, 36(1): 109‐122.

[23] Pietrykowski B. Exploring new directions for research in the radical political economy of consumption[J]. Review of Radical Political Economics, 2007, 39(2): 257‐283.

[24] Ritzer G. Prosumption: Evolution, revolution, or eternal return of the same? [J]. Journal of Consumer Culture, 2013, 1(1):1‐22.

[25] Seran S, Izvercian M. Prosumer engagement in innovation strategies: The Prosumer Creativity and Focus Model[J]. Management Decision, 2014, 52(10): 1968‐1980.

[26] 沈蕾，韦骁勇.共享经济中的产消活动：研究综述与方向[J].创意经济与管理，2016（1）：18‐25.

[27] Moore J F. Predators and prey: Anew ecology of competition[J]. Harvard Business Review, 1993, 71（3）: 75‐86.

[28] Moore J F. The death of competition: Leadership & strategy in the age of business ecosystems[M]. New York: Harper Business, 1996.

[29] 隋映辉.城市创新生态系统与"城市生态圈[J].社会科学辑刊,2004(2):64‐70.

[30] 孙洪昌.开发区发区创新生态系统建构、评价与次创业研究[D].天津大学博士学位论文,2007.5.

[31] 冉奥博,刘云.创新生态系统结构、特征与模式研究[J].科技管理研究,2014(23):53‐58.

[32] 曹祎遐,高文婧.企业创新生态系统结构研究[J].改革,2015(4):65‐73.

[33] 罗国锋,林笑宜.创新生态系统的演化及其动力机制[J].学术交流,2015(24):119‐124.

[34] 张艳辉.上海市创意产业关联效应的实证分析[J].中国软科学,2008(3):62‐72.

[35] 曹跃群,蒋为,张卫国.世博会背景下基于创意产业的上海服务业发展[J].中国软科学,2010(12):82‐87.

[36] 杨学成,陶晓波.从实体价值链、价值矩阵到柔性价值网‐以小米公司的社会化价值共创为例[J].管理评论,2015,27(7):232‐240.

[37] 简兆权,令狐克睿,李雷.价值共创研究的演进与展望‐从"顾客体验"到"服务生态系统"视角[J].外国经济与管理, 2016,38(9):3‐20.

[38] 肖红军.共享价值、商业生态圈与企业竞争范式转变[J].改革,2015(7):129‐141.

[39] 万文海,王新新.共创价值的两种范式及消费领域共创价值研究前沿述评[J].经济管理,2013(1):186‐199.

[40] 张庆普,李沃源.创意产业集群创意扩散过程及扩散模式研究[J].研究与发展管理,2014,26(1):22‐33.

[41] 赵志耘,杨朝峰.创新范式的转变——从独立创新到共生创新[J].中国软科学,2015(11):155‐160.

042

[42] 张婧,邓卉.品牌价值共创的关键维度及其对顾客认知与品牌绩效的影响——产业服务情境的实证研究[J].南开管理评论,2013,16(2):104 - 116.

[43] 吕一博,蓝清,韩少杰.开放式创新生态系统的成长基因——基于 IOS、Android 和 Symbian 的多案例研究[J].中国工业经济,2015(5):148 - 160.

Research on the Ecological Value Co-creation of Creative Industry under the Sharing Economy-Led Paradigm

Shen Lei, Zhang Yue

Abstract: Nowadays , the sharing economy has become the dominant paradigm of modern development, in which the ecological construction of the creative industrial park has become the focus attention of the society and the local government. Firstly , on the perspective of organizational ecosystem, We systematically induce and summarize the characteristics of sharing economic of the times and the construction of the ecosystem of creative zone and point out the deficiencies of the research on the ecological construction of the zone. Then, according to the development of the Yangtze River Delta and the local characteristics of Creative industrial zone, our research Put forward some relevant policy recommendations. Finally, based on the dominant logic of customer, dominant logic of service and the dominant logic of prosumer , we do some research on value co-creation mechanism and predict the directions of future research.

Key Words: sharing economy; creative industrial zone; ecosystem; the logic of prosumer; value co-creation

CREATIVE
ECONOMY
AND
MANAGEMENT
VOL.3 NO.1,
2017

分享经济的内涵、现状与商业模式

吴晓隽　方　越　沈嘉斌

摘要： 随着互联网技术的发展,人类社会的分享行为开始与高度网络化和各种技术结合在一起,将个体的闲置资源通过互联网提供给其他个体,从而实现资源的有效利用,创造新价值,从而形成了一种创新的经济模式——"分享经济"。本文从分享经济的内涵、发展现状和主要的商业模式三个方面进行了系统的梳理和评述,最后提出了未来的研究展望,并且阐述了已有研究对相关产业和政府管理的启示意义。

关键词： 分享经济;内涵;类型;

"分享",即个人将某些东西与其他人共同使用、占有或享受的做法,这是一个人类社会长期使用的词汇,它渗透在生活的方方面面,无论是精神层面还是物质层面上,人们分享感受,分享见解,分享美食等。但是今天,"分享"与高度网络化和各种技术结合在一起,利用互联网等平台实现资源在不同主体之间的分享,从而孕育了一种全新的经济模式——"分享经济"。Al-timeter Group的研究报告显示,近年来新兴的分享经济浪潮,已催生了200余家新企业,并得到了20亿美元风险资本的注资。根据普华永道会计师事务所预测,到2025年,全球分享经济产值可以达到2300亿英镑,其产业规模和发展潜力巨大[1]。而随着互联网经济的进一步深入和发展,分享经济开始迅速在中国兴起,滴滴打车,小猪短租、猪八戒网等中国本土的分享经济企业已经做得风生水起,Uber、Airbnb、戴姆勒奔驰公司的car2go等国外分享经济的代表企业也纷至沓来。在线打车、在线短租等新型分享经济模式对传统的出租车、酒店等行业已经带来了令人瞩目的冲击和影响,甚至撼动着既有的行业秩序。而且分享经济在改变住宿、交通运输等行业的同时,不断向食品、时尚、消费电子以及更加广泛的服务业扩展,大有改变人们消费习惯和重构传统产业的态势。

一、分享经济的概念

那么今天被风险资本、产业资本疯狂追捧的分享经济到底是什么？中外学者们通过不同视角,提出了对分享经济内涵的不同看法。冯海超(2013)认为分享经济作为一种新产权观,呈现出双层结构模式。位于上层的是支配权,位于下层的是使用权。分享型经济倡导"租"而不是"买",鼓励人们互相租用彼此的东西[2];陈驰(2013)

吴晓隽,女,浙江杭州人,博士,东华大学旭日工商管理学院副教授。研究方向:产业经济、区域经济、旅游经济与管理。联系方式：xjunwu@dhu.edu.cn、13621778138。
方越,女,安徽合肥人,东华大学旭日工商管理学院产业经济学专业硕士研究生。
沈嘉斌,男,上海人,东华大学旭日工商管理学院旅游管理专业 硕士研究生。

044

认为要准确认识分享经济,有必要抓住三个关键词"协作"、"消费"和"去工业化",即通过利用闲置资源,降低服务或产品的成本,同时采用付费的方式来解决协作互惠的问题,将分享变为一种经济现象。此外,分享经济的出现将过去 200 多年来的工业化和中心化的过程逆转,极大的降低了大型管理组织的管理成本[3];吕福玉(2014)指出分享经济作为一种消费经济形态,实质是新型信息消费,属于信息经济的范畴,这是第二次工业革命将电作为信息介质所带来的变化。分享经济的本质在于使沟通成为一种巨大的生产力,企业未来的竞争核心将从线下市场资源上升到对在线沟通资源的竞争[4];英国商务部的一份调查报告指出(2014):分享经济就是借助网络平台分享个人的资产、资源、时间及技能,而个人也可以从分享资源获得金钱的模式,大约全英四分之一的成年人都参与过分享经济[5];Russell Belk(2014)通过将协作消费与传统消费模式进行对比,得出分享经济在互联网时代的影响下,将导致所有权的观念逐渐淡化直至消亡[6]。Laura Piscicelli 等人(2015)指出分享经济追求的是社会文化价值,与传统社会追求的资本价值截然不同,根本上是价值观的变化,分享经济能真正实施的一大问题在于人们相互信任和诚信。社会关系,生活质量等与幸福相关的指数比"占有权"来的更为重要。此外,分享经济还能增强人们的环保意识,并促进新平台的蓬勃发展[7]。张孝德等人(2015)认为不但是互联网造就了目前的分享经济,生态文明的作用也功不可没,两者合力催生了分享经济的快速发展。因此他们在对分享经济的分类上也包含了生态文明的范畴[8]。

另一方面也可以观察到互联网情境下的分享经济在不断发展演变,初期狭义的分享经济主要有三个特点:一是不转移所有权,仅让渡一定期限的使用权;二是免费,或者收费至多覆盖成本,没有盈利;三是共享的对象是闲置资源,而不是"专业资源"。这种分享是社会个体顺便

而为的分享与帮忙,更多是伴生行为。而目前实践中的分享经济已对此作了很大的扩展。首先,免费依然存在,但更多的共享资源需要付费,而且不仅覆盖成本,还要盈利,这是为了激励更大的供给,也是确保分享不仅仅是个体无规律的随机行为而且是群体稳定的、可预期的商业行为。其次,由于更多地需要付费,且有利可图,供给端的行为因此发生变化,不再局限于闲置资源,出现了更多的专业资源,如 Uber 上的专职司机、Airbnb 上的专职房东,甚至 B 端的专业资源等。

事实上,分享和占有是人性中的一对矛盾体,是情感需要和生存需要的体现。如前文提到的那样,千百年来,分享一直伴随着人类社会,但只到最近几年,分享行为能够成规模到成为一种改变既有经济秩序的经济现象——分享经济(Sharing Economy),成为一个趋势,主要有下述三个原因。首先是价值观的变化,"占有"不再是人们最看重的一个价值指标,其重要性正在让位于环境质量、社会关系等与幸福相关的指数;其次是环保意识的增强;最后是新平台的蓬勃发展,互联网技术大大降低了人们进行分享的成本。尤其是互联网所带来的便捷化,LBS 位置服务+SNS 类社交平台让分享的渠道更加实时准确,在大大降低了共享成本的同时,依靠人与人之间的信任机制,分享经济甚至开始在以前从未出现的行业大放异彩。

具体原因有三:

① "分享"之概念产生于 Web 2.0 语境下,在网络内容服务化的趋势下,通过互动式技术,为使用者提供深度"分享互动"与"体验服务"的平台如雨后春笋般涌现了出来,这些平台共同构成了分享经济发展的重要阵地。

② 互联网允许人们以个人对个人的方式进行交流。1995 年,eBay 成为首个展现在线买卖生意潜力的平台,它极大地推动了点对点在线市场的发展步伐,在中国,完

CREATIVE
ECONOMY
AND
MANAGEMENT
VOL.3 NO.1,
2017

045

成了普通民众关于 P2P 买卖的教育和普及使命的是"淘宝网"。现在 P2P 在线市场已经在多个领域破冰，一个普通人可以不通过中间商将他的房子放在 Craiglist 上售卖，可以通过互联网上 P2P 银行而非传统银行直接从事投资活动；通过"Zipcar"按小时租车；通过 Airbnb 预订家庭住宿等。

③ 互联网情境下的分享经济允许人们在交易时进行交流。如果一个粉丝在众筹网站 Kickstarter 上支持你的电影的话，那你能轻易地向他们发送进度更新或听取他们的建议。而信任也就在网络分享信息的互动过程中产生了。

杰里米·里夫金在《零边际成本社会》中把当代极其重要的科技潮流同协同共享模式联系了起来，如创客、慕课、众筹，并预测：协同共享经济将颠覆许多世界大公司的运行模式[9]。

二、发展现状：多领域新兴企业主导共享实践

一是全球资本热衷追逐分享经济创业。在迅速膨胀的经济体量和巨大的市场潜力下，分享经济领域吸引了大量投资者。标普资本智商公司(S&P Capital IQ)的数据显示，2014 年全球投资机构在分享经济领域投资金额高达 49.3 亿美金，与 2013 年相比增长了 5 倍之多。自 2009 年以来累计投资金额已超 70 亿美元(图 1)。从投资对象上看，主要集中在房屋、汽车租赁等领域。其中，Uber、Airbnb、Lending Club、Lyft、Instacart 等 5 家企业累计获得 52 亿美元投资，占共享经济领域全部风险投资的 74%。另外，从事办公场地租赁服务的 WeWork 公司在 2014 年也获得 3.55 亿美元的融资，企业估值高达 50 亿美元。

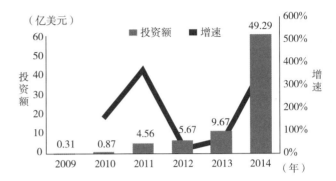

图 1   2009 年以来分享经济领域风险投资情况

二是分享经济模式渗透到众多行业领域。分享经济发展初期，主要以实现房产、汽车等成本较昂贵的固定资产的分享为主。如美国房屋租赁领域的 Airbnb 和汽车租赁领域的 Uber、RelayRides、Lyft、SideCar 等公司成为美国共享经济的典型代表。随着实践的不断深入，分享经济已渗透到居民生活的方方面面，从实体的汽车、车库、衣服、沙发、房子、床位、工具到非实体的技能、计算资源、时间、智力等，都成为分享的对象。分享经济正在深刻改变着交通、旅游和设备租赁等行业，并在多个领域催生出全新的企业与业务模式。如金融领域的众筹模式，对未来风险资本的筹集方式、分配与部署影响极大(如 eLolly、smava、人人贷等 P2P 借款平台可以服务更多的个人和小微企业，发展潜力巨大)。另外，在保险、旧物利用、工作场所互换等领域也出现了共享模式。

三是创新型企业尤其是创新创业型企业主导分享实践。一方面，新兴创业型企业占据绝对主导地位。分享经济模式下的企业具有低成本、轻资产、高灵活性、投资回报快等特点，成为新兴的创业热土。目前典型的共享经济企业以初创型企业为主(表 1)。自 2008 年以来，共享经济领域进入创业快速发展期，各行业新兴企业不断涌现，为用户提供灵活便捷的服务，以快速、灵活、低成本

的优势迅速抢占传统企业的市场份额。另一方面,传统型企业也逐步开展共享实践。在分享经济大行其道、新兴企业利用新模式迅速壮大并占据市场的压力下,传统企业也在逐步接受共享的模式,改变传统经营方式并参与到共享经济市场竞争中。如德国宝马公司成立了DriveNow 子公司,提供汽车租赁服务,用户可以通过互联网查找并预定汽车;戴姆勒奔驰公司也在欧洲和北美推出名为 Car2Go 的汽车租赁服务,用户可以用智能卡使用任意一辆智能汽车,目前已在美国和欧洲的 100 多个城市投入使用;标致汽车公司在 2010 年建立了一套流动租赁服务系统,用户可以共享标致汽车、电子滑板车和自行车。

表 1　分享经济的分类和典型企业

类别	子类别	特征	实例
分享消费	再分配市场	闲置资产再分配或售卖	赶集网、58 同城
	产品服务系统	付费获得商品,取代所有权概念	神州租车、Zipcar
	协作式生活方式	共享或交换闲置资产,包括有形及无形	Airbnb、Uber、滴滴
分享生产	协作设计	共同设计产品或服务	猪八戒网
	协作制作	与外单位合作产品或项目	Openstreetmap
	协作销售	个人对个人销售	淘宝网、eBay
分享学习	开源课程和软件	免费开放的网络课程、讲座和其他教育内容	网易公开课、Coursera
	技能共享	人们提供或分享自身拥有的技能	技能银行、猪八戒网
	众包知识	公开解决问题或提供知识	百度百科、知乎、Wikipedia

续表

类别	子类别	特征	实例
分享金融	众筹	为项目筹集资金	众筹网
	个人对个人借贷	个人向个人借贷,资金用于投资	人人贷
	补充货币	共同使用一种非传统货币作为交易媒介	Economy of Hours
	联保	人们互绑形成他们自己的保险池	Bought By Many

三、分享经济的主要商业模式

这种基于用户和用户之间的对于某一资源的共享,搭载着资源与服务的新型经济生态也催生了多种形态的商业模式,就目前的发展来看,主要可以分为以下四类。

第一种类型:基于专门网络平台的商品再分配市场,比如社区租借和二手货交易市场。

社区租借模式通过和邻里共享物品以节省金钱和资源,NeighborGoods.net 是这样的再分配市场模式的范例。在 NeighborGoods 上面的物品,主要是免费交易的模式,即以借代租。其盈利方式是向那些建立私密分享群组的用户和有认证需求的用户收费。社区租借网站的出现,一方面提高了闲置物品的使用效率,节约资源,另一方面还为社区居民建立一个互相沟通的平台,帮助本社区居民构建更好的邻里关系,通过合作为他人提供便利。社区居民以产品试用的方式实现理性消费,而网站则通过与厂家的合作,将新产品试用打造成自身的主要收入来源。国内也出现了"享借"等跟随者,定位于让大家在上面相互分享借东西的平台。

而致力于"商品再流通"的二手货交易创新网站的早期代表是 eBay 和 Craigslist。它们是个人交换二手物品

CREATIVE
ECONOMY
AND
MANAGEMENT
VOL.3 NO.1,
2017

047

的网上市场,均创建于 1995 年。之后,它们开拓了更大范围的物品交换,并将分享经济融入了消费主流。20 世纪 90 年代末和 21 世纪初,"快时尚"模式(即消费者追随当季潮流,淘汰过时商品)的风靡催生了分享消费的产生,数字技术和在线软件减少了以往二手市场高昂的交易成本,导致了网络商品再流通市场的迅速发展。如今许多物品交换网站应运而生,商品类别多样的处理范围能够让二手物品找到适合自己的专业网站。交换模式包括双向交易,买卖,赠送和多人交易。商品交换的范围几乎包括了现在消费者拥有的大部分私人物品,例如服装、书籍、DVD 和玩具。商品可以通过一系列的平台如 Swap, Netcycler 和 Bartercard 进行交换、赠送或购买。Freecycle 通过创建交换社区、构建"礼物模式",将各地用户加入到所属本地组,在这个组里所有交易都是免费的。设置群组的目标在于用户间能够平等交换,并随着时间的推移增强社交联系。

第二种类型:协作性生活方式,是对技术、时间、劳务等非有形资源的分享。

在这种模式下人们分享相投的兴趣,在非有形资产方面互相协助,而且这种分享模式也是通过数字技术来实现,包括多种不同的协作系统,从园艺分享(landshare. net)到各种技术、劳务分享系统(跑腿兔 taskrabbit.com),雇佣任何专家的 P2P 平台(Thumbtack),家政服务 P2P 平台(Homejoy),甚至专业的医生服务平台(Heal),涉及许多行业。

这方面最早的创新者是时间银行(Time banks),实践起源可追溯到 20 世纪 80 年代。时间银行是典型的非营利组织,成员在平等的基础上,每个成员的时间价值都是相当的。时间银行的参与者提供如临时保姆,绘画,或按摩的服务,当他们给别人提供服务时可赚取"时间币"。这种货币之后也可用来获得服务。时间银行的显著特点

就是双向。时间银行不是一个慈善组织,它只在供与求之间发挥平台的作用。因此,参加时间银行的人不需付出一分钱,只需将自己的时间存入时间银行即可。成为正式成员后,时间银行会给每位添加者 10 张支票,时间银行成员可用支票表示时间的支付情况。为别人提供了一次帮助,就可以获得一次相应的时间支票,反过来自己也能接受别人的支票,这就是所谓的双向原则。因此,自添加那天起,时间银行成员就要做好准备,既可得到别人的时间与帮助,也要准备在时间允许时为别人付出时间与帮助。据估计,目前在全世界 26 个国家都设立了时间银行,而在美国就有 276 家正式运营。中国的南宁、南京、重庆等城市也零星出现了这种模式,目前国内的时间银行主要是依托于居民小区,重点的服务对象是老人。

而跑腿兔是劳务分享的典型案例,它是劳动力买卖的网上平台,人们可以在网站上发布任何跑腿代办任务的帖子,跑腿者则开始竞拍,并注明他们可以接受的最低价格。发帖人可以根据评论和跑腿者的等级,自由选择参与竞拍的跑腿者。网站上工作、服务项目的内容五花八门,从送信到组装宜家家具,应有尽有。跑腿兔会从每次任务中抽取佣金,价值较低的任务佣金抽取率较高。国内已有不少效仿者跟进,最有名的是"猪八戒网"。

第三种类型:产品服务系统,是对耐用消费品及其他经济资产的优化使用。

随着经济水平的提高,越来越多的个人和家庭能负担起间歇性使用的耐用消费品,或者拥有没有被充分使用的资产,例如处于闲置状态的车、备用的卧室,未使用的车库或其他存储空间,非生产性的草坪和办公室空间。2008 年美国金融危机后,通过数字化的第三方网站,将个人所拥有的闲置资产与其他普通人(而非商家)进行直接的交换获取经济收益和提供生产能力的方案就相继出

048

现。在这种模式下,参与的成员可共享公司或私人所拥有的多个产品,需付费但是不必永久拥有产品。这种模式的代表是类似 Zipcar 的汽车共享服务公司,Uber 用车平台、Airbnb 度假屋短租网络分享平台。

这个模式早期的创新者是 Zipcar,它是介于出租车和传统租赁之间的提供新型出行方式的网上租车公司。以"汽车共享"为理念的 Zipcar 收取一次性注册费用和会员年费,并按租车小时收费(小时费包含汽车使用、汽油和保险等费用),Zipcar 的汽车停放在居民集中地区,会员可以直接上 Zipcar 的网站或者通过移动设备查询和预订汽车,通过移动应用遥控汽车的喇叭和门锁,使用完之后于预约的时间内将车开回原本的地方,用会员卡上锁。发展到今天,Zipcar 在美国、加拿大、英国、西班牙和奥地利的 20 多个大城市和大学校园为近 77 万的注册会员提供 1.1 万辆机动车的共享租赁服务,目前占有美国 4 亿美元汽车共享市场 75% 的份额。它的出现使汽车共享的概念开始流行并进入主流,尽管 2013 年 Zipcar 被传统租车公司 Avis 收购,但其汽车共享的商业模式被保留,并以多种形式被大型运输公司所采用,包括像奔驰这样的汽车制造商也推出了 Car2go 这样的共享项目。而近几年的分享经济的明星公司 Uber 则是在 Zipcar 的基础上,进一步以移动应用程序链接乘客和司机,提供租车及实时共乘的服务,为乘客提供一种高端和更私人的出行方案。

AirBnB 则是一个利用闲置房间、公寓或别墅并将旅游人士和家有空房出租的房主联系起来的 P2P 共享平台,通过预订服务产生收入。在线平台是促进共享的关键,用户可以在网上找到汇集住宿条件、评论评分和住宿指南的信息清单,也可以查看房屋主人和以前租客的评论评分。该平台通过提供评价用户信誉的方案,为克服陌生人间的信任障碍建立了系统。现在出租多余空间的概念也扩展到闲置车库、阁楼和车位,甚至包括共享土地。国内也出现了小猪短租、丁丁停车等企业。

第四种类型:基于社交平台的分享经济模式。

通过兴趣、休闲,炫耀,把私密和心情进行身边生活圈子分享,以 Facebook、微信为代表,是帮助用户与现实生活中的朋友、同事及周围的人保持联系并分享生活体验的社交工具,这是社交平台分享经济的第一阶段。而第二阶段则是通过社交平台衍生出协作消费,这种模式瞄准"熟人模式",实现点对点、点对面的协作生活方式或者圈子营销,将真实世界的分享嫁接到社交网络上,因此形成了社交式的分享经济模式。比如借助微信平台的微商,实质就是开放平台+朋友圈,利用社交平台,以用户交流和关注点为基本,从个人在社交媒体里面的信息足迹和人际关系链出发,把线下产品或服务推广巧妙融入社交互动这个无形推手中,在一定程度上形成"口碑营销",进而通过互动,激发更多地圈子群体形成几何数级传播,从而创造更好的品牌价值或者销量增长。值得注意的是,与国外分享经济通常以专门的网站各司其职的现象不同,国内则更多地借助原本就有大量用户群的社交网站来实现协作消费。比如豆瓣小组、QQ 群、论坛以及微博中的微群等都出现了"拼饭""拼车""拼屋"的专门板块。

除了以上四种分享经济的商业模式类型,还有其他模式不断涌现。有的是对上述四种模式的组合,比如前三种模式都可以与第四种模式进行组合;有的是参与主体发生变化,从 P2P,变为了 B2P(比如途家网),甚至是 G2P(政府—公众模式),例如白宫提出的"开放政府"和奥克兰市的"公开预算项目"(其用意是要与公众共享信息、共同负起治理的责任);有的平台在实现单一业务规模经济的基础上,开始拓展更多的产品业务线,采用中心辐射型的服务模式发展范围经济,比如万能的 Uber 的预

CREATIVE
ECONOMY
AND
MANAGEMENT
VOL.3 NO.1,
2017

049

言并非天方夜谭,一旦分享经济平台有了各种应用程序接口,并且可以相互整合,这种模式的优势会非常明显;还有更多的新工具和新服务出现,用于支持分享经济,比如为在线短租平台提供的全方位的物业托管服务,背景调查服务等,使得分享经济的生态体系日趋丰富、完善和成熟。

总体来看,分享经济在商业模式上具有明显的优势,主要体现在以下四个方面:(1)可以快速扩大规模。由于利用社会资源,而且资源管理成本较低,在既有市场拓展或进入新市场时可以快速扩张规模。扩展新兴市场时,由于线上平台已经较为成熟,甚至可以不需要太多的地面人员,成本低、部署快。(2)具有很大的灵活性,遇到市场形势、监管环境、竞争环境发生变化时,可以快速调整。(3)资本效率高。由于利用社会资源,分享经济多数是轻资产运营,对资本要求低,资本回报率高。(4)供方的进入门槛低。但同时,必须要看到分享经济是近几年随着数字化技术发展起源于西方的新兴业态,现有的商业模式需要在中国的社会环境、文化环境和法律环境中不断打磨和调整。在实践中,分享经济在法律、诚信、安全和服务质量等方面的各种问题和隐患已经不断地显露出来,对政府监管提出了诸多挑战,地方政府需要充分认识分享经济的特点,并从观念创新、制度创新、规制环境建设等方面想办法适应它、管理它,使之真正提高社会效率,提升人民福祉。

参考文献

[1] PWC , *The Sharing Economy* , 2015.

[2] 冯海超.云计算、分享经济与 IBM 的转型[J].互联网周刊, 2013(1):46－47.

[3] 豆瑞星.分享经济:国内国外的联动[J].互联网周刊, 2013(1):50－51.

[4] 吕福玉.分享经济的发展趋势与应对策略[J].商业时代, 2014(29):47－49.

[5] Unlocking the Sharing Economy:an Independent Review[EB/OL]. https://www.gov.uk/government/publications/unlocking-the-sharing-economy-independent-review/unlocking-the-sharing-economy-independent-review, 2015－02－03.

[6] Russell Belk, Local government 2035: You are what you can access: Sharing and collaborative consumptiononline[J].Journal of Business Research, 2015, 67:1595－1600.

[7] Laura Piscicelli,Tim Cooper,Tom Fisher, The role of values in collaborative consumption: insights from a product-service system for lending and borrowing in the UK[J].Journal of Cleaner Production, 2015, 97:21－29.

[8] 张孝德,牟维勇.分享经济:一场人类生活方式的革命[J].学术前沿, 2015(6):6－15.

[9] 杰里米.里夫金.零边际成本社会[M]. 北京:中信出版社, 2014.

创意经济与管理
2017 年第 1 卷

050

The Content , Developing Status and Business Models of Sharing Economy

Wu Xiaojun, Fang Yue, Shen Jiabin

Abstract: Along with the development of ICT, new forms of sharing behaviors have emerged by providing individual's idle resource to others via internet, so as to make efficient use of the resources and create new value. This article systematically reviewed literatures related to sharing economy from three domains: concept, developing status and major business models, based on tracing back the origin of sharing economy. And finally, this paper points out future research directions.

Key Words: Sharing Economy; Concept; Category; Business Model

CREATIVE
ECONOMY
AND
MANAGEMENT
VOL.3 NO.1,
2017

051

互联网思维与旅游业转型升级发展

潘文焰

摘要: 互联网正重塑着人类生产与生活的方方面面,互联网思维最重要的本质在于融合与民本(以民为本),旅游业从中得到的核心启示是,以"旅游+"为产业发展的新思维、新逻辑,以"体验+"为行业经营的新范式,不断加强旅游业的吸引力与竞争力。"旅游+"可包括三方面:一是"旅游产业+",即旅游与其他产业之间的融合;二是"旅游要素+",即旅游各要素之间的融合;三是"旅游链条+",即旅游产业链上各环节之间的融合。"体验+"要注重两方面:一是"体验+(产品)设计",即要求旅游产品的设计要注重在内容产品和服务方式上给消费者带来愉悦的消费体验。二是"体验+(营销)传播",即要注重顾客对媒介营销传播与场景营销传播的体验的满意度。

关键词: 传播本位;媒介融合;旅游+;体验+

互联网引发了一场全面而又深刻的人类生存方式大革命,正重塑着人类社会的方方面面,无论是生产还是生活中的变革几乎无处不在,其背后的思维逻辑——互联网思维对旅游业及各行各业的改变与启示极为深远,其内在本质与逻辑却很简洁。

一、互联网思维的本质:要素融合与本位回归

互联网最明显的特质就是去中心化、无边缘的网状特质,从媒介属性角度看,其背后是因为互联网实现了传播媒介的要素融合和传播主体的本位回归,即"媒介融合化"与"传播本位化"。

(一)媒介融合化

互联网的本质是信息传播媒介,但通过互联网传播的信息比传统媒介更具融合化特征,具体表现在传播的内容与形式两方面。

从传播内容上看:一是信息更丰饶。互联网比传统媒介所传达的信息更丰饶,甚至可以提供近乎无限的信息空间阈值,同时信息的数据表达方式也更多元。二是对象更开放。由于互联网突破了传统以大众媒体为中心向边缘扩散式的单向传播模式,其传播的对象更开放,不仅人人都可成为受众,甚至人人都可以成为信息的传播者与内容的创造者。三是体验更深刻。受众在互联网传播中的主动性、选择性、参与性、互动性比传统传播方式都更高,不仅能满足其基本信息需求,还能更好地满足归

潘文焰,东华大学旭日工商管理学院会展与旅游管理系讲师。主要研究方向:旅游文化与传播,节事旅游、遗产旅游、旅游规划与创意设计。

属感、信任、尊重、审美、娱乐、自我实现等高层次精神需求,因而人们对互联网传播的体验更深刻。

从传播形式上看:一是交流更便捷。随着互联网的迅猛发展,尤其是通过手机、平板、上网本等移动互联终端,能更好地满足人们在信息交流过程中省时、省力、省钱、省事、省心的需求,传播交流变得简单便捷。二是传播更互动。互联网使用户能随时随地进行信息分享与思想交流,传播中的互动性更强,可以让交流无处不在,无时不可。三是联系更紧密。互联网传播不但将信息传播者与受众联系得更紧密,同时也可以将文字、数字、图形、音频、视频等各种信息类型更紧密的融合在一起,给人们带来综合立体的交流传播体验,传播效果也自然会更好。

(二)传播本位化

互联网的根本属性是连接,表面看连接的是信息、网页、网站、终端,而实质上连接的是人,特别是占社会中绝大多数的一般民众,其背后是基于民本思想与体验理念的传播本位化思维。

从人媒关系上看,民本思想是互联网思维的根本。互联网时代作为消费者的普通民众既是信息的接收者,又是媒介内容的生产者和传播者,真正实现了从"传播者本位"向"受众本位"的转变,改变了传统的媒体控制传播权的单向局面,将传播过程中传播者的权利较多地还给了一般的民众,信息传播的主动权实现了本位还民。民本思想重回,民众在传播过程中平等、民主、参与、话语权等需求得以更好的满足。

从供需关系上看,体验思维是互联网业发展的关键。民本思维下不仅传媒业中信息传播的主动权实现了本位还民,各行业中生产者和消费者的权力也发生了逆转,预示着消费者主权时代的到来。这样的背景下通过媒体单向广播、制造热门商品诱导消费行为的传统模式已难以

为继,各行各业必须以人为本,以满足客户的需求为核心,提供令其难忘的愉悦消费体验,才能捕获消费者永恒的芳心。体验经济时代就在眼前,体验思维就是王道。

二、互联网思维对旅游业转型升级发展的启示:"旅游+"与"体验+"

互联网思维的本质给经济社会发展带来的变革与最核心的启示就是"融合化"与"本位化",而对旅游业转型升级发展的启示可简单概括为"旅游+"和"体验+",这也能很好的指导当前我国旅游业的供给侧改革。

(一)"旅游+"——融合思维(融合化)

融合化启示我们,不仅媒介,任何产业都可以融合。国内外旅游业的发展历程也告诉我们一个事实——旅游业是一个融合性很强的综合产业。"旅游+"将成为旅游业发展的新思维、新逻辑。

首先是"旅游产业+",即旅游与其他产业之间的融合。旅游业与工农业、历史文化、体育养生、休闲娱乐等的融合,形成观光旅游、文化旅游、养生康体旅游、影视旅游等旅游业态,促进旅游业与其他产业之间的不断融合与共进发展。其次,就是"旅游要素+",即旅游各要素之间的融合。这是旅游与其他产业之间的融合在旅游要素上的具体表现,除了传统的六要素(游行食宿娱购),还有新六要素(商、养、学、闲、情、奇)等被提出来。再者,就是"旅游链条+",即旅游产业链上各环节之间的融合。互联网思维对旅游业的影响还涉及旅游地规划建设、旅游企业经营管理、旅游产品(及形象)营销推广、旅游市场需求预测等各个环节以及景区、住宿、出行、娱乐、购物、餐饮、信息等旅游业的各领域。

旅游的"新六要素"是由国家旅游局长李金早在 2015 年全国旅游工作会议上明确提出的。

CREATIVE
ECONOMY
AND
MANAGEMENT
VOL.3 NO.1,
2017

053

（二）"体验＋"——民本思维（本位化）

本位化启示我们，不仅传媒业，各行业都要坚持以人为本，注重民众本位的回归，遵循以基于顾客需求与体验满意为标准的"市场导向"原则，方可基业长青。"体验＋"将成为旅游业经营的新范式。

首先是"体验＋（产品）设计"。旅游者的需求不仅表现在旅游业各部门提供的内容产品和服务方式上，更要给消费者带来愉悦的消费体验。对于旅游者来说，外出旅游就是暂时从日常生活世界来到一个非日常世界，往往寄托了旅游者平时被抑制的各种美好愿望。这正应合了弗洛伊德对人性结构中的"本我"层面潜意识的诉求[1]，旅游者在这个世界中是按照"快乐原则"行事的，希望从中得到最大的快乐，忘却日常的纷繁忧扰。因此，旅游业经营者从旅游产品的设计到消费场景的环境营造，只要能让旅游者充分体验到其梦寐以求的美好意境，得到一种实现理想的快乐感，就会满意倍增。现实中如诗画意境的古镇古村对追求清静安宁的人群的吸引，欢乐无忧的迪斯尼乐园备受渴望欢乐与亲情的家庭的青睐，向往原生态的游客对幽静清宁的田园风光的流连忘返，文艺青年对历史厚重的文化名城的热衷，都说明了具有深度体验感的旅游产品或环境场景的设计能为目标顾客提供了一段能拨动他们心弦，倍感愉悦的快乐旅游经历，往往备受欢迎。

其二是"体验＋（营销）传播"。首先是顾客对媒介营销传播的体验。人们总是希望及时、方便、快捷、高效、低成本、愉悦地获取信息，以及在这个过程中得到被尊重的满足感。旅游地或各旅游产品提供者以互联网传播为核心，整合多种传统传播方式，实行"互联网＋（各种营销传播方式）"的模式，为目标旅游者提供一个快乐的信息交流体验环境，即可提高目标受众变为现实游客的转化率。纵观近年来旅游业的营销传播变化趋势也确实如此。其次是顾客对场景营销传播的体验——即游客在旅游时所获得的场景与过程体验，是一种重要的营销传播方式——体验营销，且效果也更好。游客每一次美好的旅游过程及场景体验，对于旅游产品提供者来说都是免费营销推广的绝佳机会，因此顾客对场景营销传播的体验愉悦度非常重要。近年我国旅游者"境外游＋购物"风潮的盛行，从旅游业本身的角度来看，这与目前国内旅游目的地提供的产品组合总体上不能很好契合国人旅游消费升级与体验愉悦度预期提高是密切相关的，其背后原因是我国当前旅游业发展普遍忽视顾客体验的满意度。

三、总结

互联网思维最重要的本质在于融合与民本，其对旅游业发展变化最核心的影响与启示是——融合发展时代已经到来，体验经济时代就在眼前，旅游业应紧随思潮发展，以"旅游＋"为产业发展的新思维、新逻辑，以"体验＋"为行业经营的新范式，不断加强旅游业的吸引力与竞争力。同时，旅游学科研究领域也应紧跟时代潮流，加强产业融合等经济学、体验心理等心理学、拟态环境等传播学，戏剧理论、情境设计等文学艺术学及相关学科理论与旅游学的对接，增强旅游学科的视野广度与理论深度，更好地指导旅游业的发展实践。

参考文献

[1] 弗洛伊德著.精神分析引论［M］高觉敷译.北京：商务印书馆，1994 年。

创意经济与管理
2017 年第 1 卷

054

Internet Thinking and Development of Tourism Transformation and Upgrading

Pan Wenyan

Abstract: The Internet is reshaping all aspects of human production and life. The most important essence of Internet thinking lies in the integration and humanism (people-based), and the core of the tourism is that "tourism +" as the new thinking and new logic of the industry development and "experience +" as a new paradigm of industry management are constantly strengthening the tourism's attractiveness and competitiveness. "Tourism +" can include aspects: First, "Tourism industry +" , that is , the integration among tourism and other industries. Second, "tourism elements +", that is, the integration among the elements of tourism. Third, "tourism chain +", that is, the integration of various links in the tourism industrial chain. "Experience +" should pay attention to two aspects: One is "experience + (products) design", namely product design should pay attention to the content of tourism products and service to consumers on the consumption experience of pleasure. The second is "experience + (marketing) spread", which is to focus on the satisfaction of customers' experience of media marketing communication and the dissemination of scene marketing.

Key Words: To the general public as the main body of the spread; media fusion, travel +; experience +

CREATIVE
ECONOMY
AND
MANAGEMENT
VOL.3 NO.1,
2017

055

智能制造时代纺织服装产业的转型之路：云生态

马　彪　沈　蕾　李义敏

摘要：供给侧改革的重大战略规划以"中国制造2025"为核心，为中国制造走向中国"智"造提供了一个契机。中国纺织服装产业必须抓住这一历史机遇实现从纺织服装大国到强国的转型。本文通过对纺织服装产业的发展现状分析，探讨了基于智能制造的纺织服装产业转型之路。提出了以智能制造云平台为核心的云生态发展路径，构建了云生态下面向个性化需求，深度垂直的产业链和横向联动的创意生产体系为主体的纺织服装全域生产模式，为纺织服装产业的转型提供了建设性意见和指导。

关键词：纺织服装产业；智能制造；云制造；云生态

中国新一轮的"供给侧改革"要求中明确指出：供给侧结构性改革，既强调供给又关注需求；改革的内涵是增强供给结构对需求变化的适应性和灵活性，不断让新的需求催生新的供给，让新的供给创造新的需求，在互相推动中实现经济发展。不难看出，推进供给侧结构性改革，关键还是要从生产端入手，让供给能及时响应新的需求，同时还要不断降成本、补短板。作为我国传统支柱产业的纺织服装产业也迎来其重大历史发展机遇。

1　纺织服装产业的历史机遇

面临供给侧改革的重要历史发展机遇期，纺织服装行业呈现三大趋势：由重商品转向重服务的专业化，借助平台优势的整合化，以及重构产业链价值体系的分工精细化。

2017年，行业正迎来全新一轮的发展期，行业转型升级进入深化期，国家"十三五"服装强国建设进入关键节点。具体来说，比如传统门类生产过剩和制造业活力不强的问题，不是因需求不足，或没有需求，而是需求变了，但供给的产品却没有变，质量、服务跟不上，已不能满足需求的变化。所以，供给侧结构性改革，是我国经济发展进入新常态的必然选择，其核心要素是增强供给侧对需求变化的适应性，提高供给体系的适宜性和有效性，逐步消灭盲目生产，加大有效供给和中高端供给，满足消费者差异化的个性需求。

在面临供给侧改革的重要历史发展机遇期，中国纺织工业联合会新闻中心主任孙淮滨表示，纺织行业需要解决和落实眼前与长远的发展问题，按照"供给侧改革"的思路，保证经济的稳定运行和经济的可持续健康发展。他认为，如何加强管理、提高生产效率，这是保证企业生

马彪，博士，副教授，东华大学旭日工商管理学院信息管理系；主要研究方向：知识管理与智能决策。
沈蕾，博士 教授 博导，东华大学旭日工商管理学院。
李义敏，博士，讲师，上海工程技术大学管理学院。

056

存和长远发展的重要课题。长远来说,这是一个调整和改革的问题,包含要素领域的改革,比如,加快棉花体制的改革、劳动力素质提高的问题等。其次,还包含智能型制造、服务型制造、"互联网+"全产业链等这些改变业态的调整。业内专家指出,"供给侧改革"的提出,意味着要转变观念,形成新主体,培育新动力,发展新产业。在国家战略指导下,纺织行业必将加快企业并购重组,提高行业集中度。弱势的企业加速退出,优势企业则根据自身资源禀赋主观上进行战略选择。无疑,"供给侧"改革的思路对于"十三五"期间推进纺织服装业继续进行转型升级、优化产业结构具有重要意义。

1.1 智能制造

首届世界智能制造大会上,工信部副部长辛国斌的一席话说出了中国制造业所存在的问题,"2015 年我国已经成为制造业第一大国,但在品牌塑造、创新能力等方面与其他先进国家还有较大差距,'大而不强'仍是瓶颈。"制造业大而不强,自主创新能力弱,是目前中国制造业面临的最大问题之一。

供给侧改革的重大战略规划以"中国制造 2025"为核心,给中国制造走向中国"智"造提供了一个契机。"中国制造 2025"的第一个策略就是智能制造,这是"中国制造 2025"最重要的内容,包括制造业的数字化、网络化、智能化。

我国制造业正面临从价值链的低端向中高端,从制造大国向制造强国、从中国制造向中国创造转变的关键历史时期。以"工业化与信息化深度融合"为特征的"制造业信息化"与创新驱动是我国实现从制造大国向制造强国迈进的战略举措。运用云计算等先进技术理念,推动智能制造发展,已成为大势所趋。

2017 年 5 月 17 日国务院召开常务会议,指出下一步深入实施"中国制造 2025",把发展智能制造作为主攻方向。扩大试点示范城市(群)覆盖面,选择 20 至 30 个基础条件好、示范带动作用强的城市(群),继续开展"中国制造 2025"试点示范创建工作,以试点示范推进"中国制造 2025"深入实施。

毫无疑问,智能制造将是未来中国经济转型发展的最重要的风口。

1.2 互联网进入"互联网+"时代

《纺织工业发展规划(2016—2020 年)》提出:"纺织工业是我国传统支柱产业、重要的民生产业和创造国际化新优势的产业,是科技和时尚融合、衣着消费与产业用并举的产业,在美化人民生活、带动相关产业、拉动内需增长、建设生态文明、增强文化自信、促进社会和谐等方面发挥着重要作用。"十二五"以来,纺织工业发展取得了一定成绩,但也存在诸多困扰行业发展和需要持续关注的问题,主要包括:产业创新投入偏低,创新型人才缺乏,综合创新能力较弱;要素成本持续上涨,国际比较优势削弱;中高端产品有效供给不足,部分行业存在阶段性、结构性产能过剩;质量标准管理体系有待进一步完善,品牌影响力有待提高;棉花体制市场化改革进程缓慢,国内棉花质量下降。"[1]"互联网+"时代为纺织服装产业的转型升级提供了优质的基础平台。

中国互联网发展水平领先全球,消费端需求已被充分互联网化,消费者市场地位发生颠覆性变化,个性化需求逐渐凸显,势必推动制造端(供给侧)的互联网化改变。制造企业改造升级需求更加迫切,更关注用户体验和定制化需求。无论是中国的"中国制造 2025",亦或德国的工业 4.0、美国的工业互联网,其目的都在于通过深化信息技术与互联网技术对制造业的改造,以提高制造效率。

"互联网+"将重构纺织服装产业供应链。物联网、供应链金融等技术正在重塑传统制造业,使其焕发新价值。物联网解决了万物互联的问题,而产业链生态的打造也在促使数据自由共享,价值按需分配,最终目标是快速响应客户需求,减少、消除供应链环节中的成本浪费,

CREATIVE
ECONOMY
AND
MANAGEMENT
VOL.3 NO.1,
2017

057

提高企业生产效率,并对整个行业产生深远影响。未来供应链将逆流而上,由"以产定销"的模式变革为"以销定产",从美的集团"T＋3价值链变革"、苏宁"CPFR(协同式供应链库存管理)"等供应链改革来看,一定是先有消费者需求,再到生产者开始响应需求。

1.3 商业模式的转变

根据哈佛大学托马斯·艾斯曼的研究,全球最大100家企业有60家企业主要收入来自平台商业模式,全球100多家"独角兽"企业里,70％以上采用平台模式[2]。当互联网对产业资源重组进入深水区的时候,传统的线性公司（Pipelines）会越来越多地被平台型公司（Platforms）所替代。而从本质上来说,平台化就是让价值创造者的作用凸显出来,并产生连续性、辐射性影响。中国经济的未来趋势应是平台经济和分享经济。

从中国近几年的电商平台化、社交平台化、约车平台化趋势,再到具体的淘宝网售平台、苹果的 App Store 平台,无不证明这是一个平台化的时代。企业家的平台思维与企业自身的平台化将成为企业战略的重要命题。

"要么成为平台,要么加入平台",这是未来行业竞争的显规则,并且可能成为下一个企业级市场风口。打造平台型生态,将成为有产业抱负的企业家追求的经营境界,而从市值角度讲,也只有平台生态型的企业才有望成为千亿市值的产业王者。

基于产业互联网,不同行业间将因为类似的模式,类似的标准,以及可复制的模式互相渗透、兼并、联合,从而构成商业新的上层建筑,再在平台的协助下,形成新的商业生态系统。

2 纺织服装产业发展现状

纺织服装产业是我国传统支柱产业、重要民生产业和创造国际化新优势的产业,是科技和时尚融合、生活消费与产业用并举的产业。从"十二五"期间纺织服装产业的发展来看,规模以上纺织企业工业增加值、主营业务收入和利润总额年均分别增长 8.5％、9.2％和 11.5％,2015 年主营业务收入 70714 亿元,利润总额 3860 亿元;纺织纤维加工量年均增长 5.1％,2015 年达 5300 万吨,占全球纤维加工总量 50％以上;纺织品服装出口额年均增长6.6％,2015 年达到 2912 亿美元,我国纺织品服装出口额占世界同类贸易的比重比"十一五"末提高 3.1 个百分点。2016 年纺织行业规模以上企业工业增加值同比增长 4.9％;实现主营业务收入 73302.3 亿元,同比增长4.1％;实现利润总额 4003.6 亿元,同比增长 4.5％;固定资产投资完成额 12838.7 亿元,同比增长 7.8％。

"十二五"以来,纺织行业在科技创新方面的重视和投入进一步提高,高性能纤维及复合材料、高端纺织装备、两化融合、功能化和个性化纺织品服装设计制造等技术不断进步,科技进步带动全员劳动生产率比"十一五"末提高约 80％。有 14 项成果获得国家科学技术奖,其中"筒子纱数字化自动染色成套技术与装备"获国家科技进步一等奖,557 项成果获中国纺织工业联合会科学技术奖。

纺织工业智能制造已经积极推进。"十二五"期间,功能性、差别化纤维、高技术纤维成套技术和装备水平进一步提高,连续化、自动化、高速化新型纺织装备得到广泛应用,在线监控技术应用深化,管理系统及综合应用在大中型企业得到推广,电子商务快速发展成为行业亮点,服装个性化定制技术开始应用。

纺织服装产业在不断发展的同时,在新的时期也面临着新的挑战。从外部来看,世界经济环境快速变化,进入深度调整期,中国经济增速放缓,纺织服装产业面临新一轮的产业转移。全球市场竞争也日趋激烈,面临发达国家"再工业化"和发展中国家加快推进工业化进程的"双重挤压"供应链挑战,面临的国际竞争压力加大,结

058

构调整和产业升级任务紧迫,起点低和处于价值链低端的挑战。面对日益严峻的环境压力,各国对环境与企业社会责任的要求也越来越严格,形成了碳排放壁垒,对制造业能源利用的效率提升和绿色制造的要求越来越高。从内部来看,劳动力成本不断上升,2011—2016 年中国劳动人口减少 3325 万。纺织服装产业面临生产效率增速低于制造成本增速的挑战。虽然我国纺织产业在过去的"十二五"期间稳步增长,但随着劳动力成本及其他要素成本上升,以及国内外其他因素,企业利润增长幅度已经从 2011 年的 43.9% 降到 2015 年的 5.3%。随着各类新技术的快速发展,纺织服装企业的生产经营模式将面对与"互联网 +""信息物理系统""云制造"等智能化生产经营模式的挑战。行业内部竞争激烈,国内消费升级和需求结构的不断变化也是纺织服装产业不得不面临的挑战。

2017 年,实体经济将继续保持增长,我国纺织行业发展的机遇和挑战也很多,面临新的形势,需要凝聚全行业的力量共同努力,特别是广大企业在科技创新、品牌建设、智能制造、绿色发展等方面取得的突出进展,形成推动纺织行业转型升级的新动能,创造国际竞争的新优势,实现纺织强国。

3 纺织服装产业云生态之路

面临诸多挑战,纺织服装产业的转型之路将如何进行?虽然经过多年的积累与沉淀,在我国纺织服装行业,产业集群式发展成效显著。但随着近年来互联网、物联网等技术的不断发展,泛在联接与万物智能打破了产业的原有边界,制造与服务的融合加速了新的产业生态系统的构建,纺织服装企业需要在产业生态系统中重新认识价值链分布、重新定位自己的角色、重新审视自己的地位、重新找到发展的方向。智能制造、网络制造、服务性制造正日益成为生产方式变革的重要方向,跨领域、协同化、网络化的创新平台正在重组制造业创新体系。

很明显,围绕生态体系主导权的竞争将是未来中国制造必须要面对的竞争形势。围绕产业生态系统主导权的构建,提升企业需求链、产业链、供应链、创新链的快速响应与传导能力,鼓励企业围绕制造资源的碎片化、在线化、再重组、再封装的机遇培育新技术、新产业、新业态以及新的商业模式创新能力。因此,构建开放、共享、协作的纺织服装智能制造生态圈必然成为纺织制造强国建设的重要内容。

3.1 云生态的顶层设计

云生态是指以智能制造云为核心的纺织服装生态圈。生态圈的最终目标是建立打通数据流、资金流、业务流的基于产业互联网的生态系统,形成产业大数据平台,从而能够建设和推动纺织服装产业智能制造标准体系。生态圈能够有效激励多方群体之间互动并实现多主体共赢。生态圈参加企业紧密合作、协同创新,产业链各环节企业分工协作、共同发展,定位于细分领域的专业度高的企业深度参与的智能制造生态系统。促进创新资源、设计能力、生产能力和服务能力的集成和对接,实现全价值链的并行组织和协同优化,实现资源优化配置。生态圈打通产业链上下游企业间的信息流、业务流、资金流,提供研发设计协同、生产制造协同、供应链协同、服务协同,然后支持开展跨企业、跨区域的产业协作。促进产业链上的企业实现集聚、分工、衍生、竞争与合作,形成互联网化智能制造模式。

生态圈的顶层设计要按照标准先行、技术突破和市场拓展的思路,首先开展纺织服装智能制造技术标准体系和数据标准体系建设,抓住在中国市场制定竞争新规则的机会;其次要打破西方主导格局,形成中国自主的核心工业信息技术体系;最后瞄准我国用户的需求与本土环境特点,打造具有中国特色的云服务,实现规模化市场

CREATIVE
ECONOMY
AND
MANAGEMENT
VOL.3 NO.1,
2017

059

应用。生态圈必须立足于纺织行业智能制造的标准体系。智能制造的标准体系是未来全球产业"战争"的聚焦点。在新一轮技术变革中找到工业发展方向并制定出引导行业发展的标准，占据领先地位，是各大强国广泛关注的焦点。可以预见的是，未来谁掌握了工业制造标准，谁就拥有了占据产业链高端的机会。同时，生态圈必须以构建便捷化的产品及服务交易系统为重点，以挖掘消费者潜在需求为突破口，着力培育个性化、专业化制造业服务新模式，逐步形成供给侧的网络协同。

中国制造业的基础和比较优势与美国、德国、日本都存在非常大的差异，具体来说：德国生产设备自动化程度高且极度专注于技术；美国制造的信息化水平领先全球；日本制造以汽车、电子等产业见长，工业体系相对不丰富。因此，纺织服装产业的智能制造发展必须与互联网深度融合，利用我国互联网及电子商务应用领域的全球领先优势，推动产业升级，提高我国纺织服装行业服务型制造水平及国际竞争力。借助我国的消费多样性和世界独一无二的消费社会试验场条件，构造应用端的全球智能制造知识优势，打造我国智能制造产业标准，互联网化智能制造将形成一个高效的云制造生态体系。

3.2 纺织服装产业智能制造云

"中国制造2025"把"实施工业云及工业大数据创新应用试点，建设一批高质量的工业云服务和工业大数据平台，推动软件与服务、设计与制造资源、关键技术与标准的开放共享"作为推进两化深度融合，支撑智能制造发展的重要举措。互联网化智能制造是未来升级的最优方向，融合软件、电子、控制、机械四个领域，将彻底改变中国制造[3]。"中国制造2025"要推动的是智能化和信息化升级，不仅仅是自动化。依靠工业互联网和大数据应用，人、机、料、法、环五大要素更加透明化和可预测，实现生产效率大幅提升。

对纺织服装的云生态转型而言，基于产业互联网和大数据应用建设纺织服装产业智能制造云（以下简称智造云）同样是核心关键任务。

智造云是一个平台型组织，一个成功的平台并非仅仅提供简单的渠道或纯粹的中介服务，它更像拥有强大吸引力的旋涡，开启了多边市场间从未被挖掘的功能，从而打造出完善的、成长潜能强大的"平台生态圈"，如图1所示。

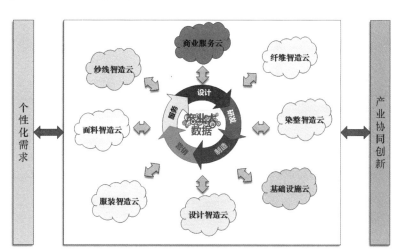

图 1　纺织服装智能制造云

060

一方面,平台提供供需双方互动的机会,强化信息流动,降低受众搜索有用信息所需的成本,提供双方实现价值交换、完成价值创造的场所,正因为如此,平台消除了信息的不对称性,打破了以往由信息不对称带来的商业壁垒,为跨界创造了条件;另一方面,平台的存在有利于建立制度,通过对平台的管理,防止功利主义行为,保护消费者和供应商的利益,使得平台中参与者的凝聚力增强。换个角度看,平台促进社群的发展。

智造云掌握行业数据接口标准和产业大数据,形成产业协同创新平台,构建制造行业知识库,提高制造资源共享及协作管理,推动生产型企业向生产服务型企业转型,从产业价值链低端向高端转移,智造云提供云制造服务模式,主导云平台开发与运营,驱动行业生态价值创造与共享。

智造云作为协同创新平台来驱动知识与价值共享,在竞合机制下获得智造云能力共享,也是一个能够不断促进协同创新成果研发及快速服务转化的应用推广平台。

由于中国错失第一次、第二次工业革命,第三次工业革命时中国又处于建国初期,所以中国的工业水平各个企业一直处在参差不齐的状态。中国制造企业三十几万家,其中97.4%的企业是中小制造企业,他们都碰到同样的问题——信息化、物联网技术缺失。"对于中小企业而言,他们并没有太多的资金、技术、人才等资源来完成升级换代,所以唯一的解决方案就是通过云计算和云的基础共享给这些企业将门槛消除,实现即插即用。对于企业数量最多、行业规模最大、竞争最激烈的制造业来说,用云的方式实施部署工业解决方案,不失为制造企业转型升级的催化剂。

智造云提供云化的、高品质的、端到端的智能制造能力和支持服务,致力成为中国纺织服务行业的智能制造助推器。智造云一方面为企业提供随需应变并有质量保障的(绿色)全产业智能制造生产能力,降低企业制造成本和优化企业供应链;另一方面为智能制造企业提供制造能力和资源的交易和管理服务,提升企业规模效应和核心竞争力;第三,为品牌商、零售商和创意产业企业提供端到端的供应链管理云服务。同时,智造云为企业提供全方位的标准认证、大数据、协同创新、金融、物流等第三方服务。打通整个纺织服装智能制造价值网络,如图2所示。

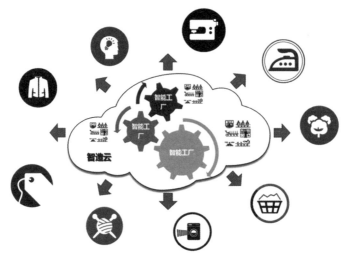

图 2 纺织服装智能制造价值网络

CREATIVE
ECONOMY
AND
MANAGEMENT
VOL.3 NO.1,
2017

061

3.3 云生态的成员群落

云生态成员群落共同形成的商业模式是一种多边平台式商业模式,将智造云、制造需求方、金融与商务服务企业等各类企业集合在一起,形成网络效应,促进参与各方的互动来创造价值,多边互动形成全域智能制造生态圈,如图3所示。

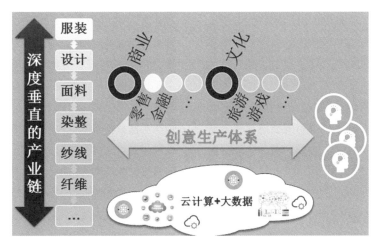

图3 纺织产业全域智能制造生态圈

云生态的群落模式包括:

3.3.1 B2B纵向一体化平台企业

B2B纵向一体化平台企业区别于传统纺织服装电商平台,将建立从棉花种植到成衣制作的深度垂直纺织服装产业链生态系统,并形成工业大数据平台和产品追溯系统。B2B纵向一体化平台企业基于纺织服装智能制造标准整合产业链各环节符合质量标准的智能制造企业的生产能力和资源,形成虚拟的云端智能制造工厂。通过生态圈能获取更大市场需求,优化其产能管理水平,提升专业化程度、协同创新能力和市场竞争能力,通过产能交易、技术服务获取市场和营收。

3.3.2 B2B创意生产体系企业

B2B创意生产体系企业(品牌商、零售商和创意产业企业)通过生态圈可以获得灵活满足终端消费者个性化需求的高品质制造能力,提升协同创新能力,赢得消费者流量红利,提高消费者满意度和忠诚度,从而赢得市场和利润。生态圈中的B2B纵向一体化平台企业以云端虚拟工厂形式为品牌商、零售商和创意产业企业提供端到端的纺织服装全产业链优质且丰富的智能制造能力和资源、供应链管理服务、工业大数据等生产性服务。

在行业垂直化的趋势中,B2B创意生产体系企业不断延展长处,同时通过合作的方式,把专业的事交给专业的合作者,以"一专多能零缺陷"的特点,将自身企业的未来提升到新高度。

3.3.3 P2M全域生产服务体系中的产消者与制造企业

消费者在生态圈的支持下演化为产消者(P),与制造企业(M)形成价值共创体系,并且以"消费大众创新"作为生产企业转型升级方向。产消者成为以优化体验为目的而个性化定制的产品和服务的设计生产者和终端消费者。从产消者获得的大数据为制造企业的产品和服务设计与交付提供智能化支持,制造企业则为产消者提供独一无二的高品质制造服务获得网络效应,产生流量红利

062

并获得营收。

3.3.4 云平台运营企业

云平台运营企业发挥数据集成和流动促进的作用，以行业智能制造技术标准为核心建立质量保障机制，更快速、更优化地实现服务匹配；提供供需信息发布平台，并为交易提供信用担保，通过交易佣金、认证服务、数据服务、管理服务撮合获取营收。

云平台运营企业为智能制造企业提供制造能力和资源的交易和管理服务，提升企业规模效应和核心竞争力；为品牌商、零售商和创意产业企业提供端到端的供应链管理云服务。同时，为企业提供全方位的标准认证、大数据、协同创新等服务。

4 纺织服装云生态转型的政策工具箱

推动纺织产业智能制造发展，应该从供给侧改革视角去构建相关产业政策工具箱，合理布局"政策软扶持"和"战略硬规划"，将智能制造作为纺织产业信息化和工业化深度融合的主攻方向，着力发展工业互联网，建立完善两化融合贯标服务和认证体系。同时，还应通过政策安排，建设一批纺织制造业创新中心，加快产业链高端重塑，加大创新产品政府采购力度，鼓励中小企业向"专精特新"方向发展。

一是以"产业联盟支持"和"审批流程创新"等政策安排促进纺织科创中心"组织建设"政策工具箱的构建。加强组织建设，促使科创中心形成多方参与的综合推进工作格局，实现纺织制造业、纺织零售业、金融服务、互联网企业之间的资源与信息的共享，探索致力于互联网经济、制造业升级转型、技术创新发展一系列最前沿的联盟机制。

二是以"专项发展资金"和"金融信贷支持"等政策安排促进纺织产业"创新生态链"政策工具箱的构建。加大政策支持，以纺织产业科创中心为主体打造科技、产业及金融三链融合的创新生态链，设立专项发展资金，加强信贷支持，为纺织产业智能制造的转型升级拓宽融资渠道。

三是以"设立创新创业基金"和"部署行业数据中心"等政策安排促进纺织智能制造"应用能力"政策工具箱的构建。注重创新驱动，提高传统纺织产业及中小企业升级转型的集成应用能力，设立相关人才创新创业基金，部署重点行业及数据中心，推动示范应用，激发企业通过智能制造进行升级转型内在动力。

四是以提升"园区环境建设水平"等政策安排促进纺织产业智能制造"优化平台"政策工具箱的构建。优化平台机制，提升重点产业园区的环境建设水平，加强重点产业园区硬件环境、工控信息安全及服务能力建设与提升。

五是以加快"跨界产业链整合"等政策安排促进纺织产业智能制造"互联网生态"政策工具箱的构建。借力互联网思维，营造健康的互联网生态，通过跨界纵向产业链整合，实现纺织产业价值链重构。

六是以培养"产业复合型人才"等政策安排促进纺织产业智能制造"产学研用"政策工具箱的构建。强化人才支撑，打造既懂制造技术又懂软件控制的复合型高端人才队伍，引进领军型、复合型人才，支持建设互联网与产业融合、产学研用结合的实训基地。

参考文献

[1] 中华人民共和国工业和信息化部.纺织工业发展规划（2016—2020 年）.www.miit.gov.cn,2016‑09‑28.

[2] 陈威如，余卓轩.平台战略：正在席卷全球的商业模式革命［M］.北京：中信出版社，2013.

[3] 中华人民共和国国务院.中国制造 2025，www.gov.cn,2015‑05‑19.

CREATIVE
ECONOMY
AND
MANAGEMENT
VOL.3 NO.1,
2017

063

Transformation of Textile and Clothing Industry in the Age of Intelligent Manufacturing: Cloud Ecosystem

Ma Biao, Shen Lei, Li Yimin

(¹Glorious Sun School of Business and Management, Donghua University; ²School of Management, Shanghai University of Engineering Science)

Abstract: The major strategic planning of supply-side reform is based on "made in China 2025", which provides an opportunity for China to make its way to China's intelligent manufacture. The Chinese textile and clothing industry must seize this historic opportunity and challenge to achieve the target of becoming a world power in textile and clothing industry. This paper analyzes the development status of China textile and clothing industry and discusses the transformation of textile and clothing industry based on intelligent manufacturing. It proposals a cloud ecological development path based on intelligent manufacturing cloud platform. In the cloud ecosystems, the production mode is a whole domain production mode which integrates the vertical industry chain and the horizontal networks of creative production system to meet consumers' personalized demand. This paper also provides constructive suggestions and guidance for the transformation.

Key Words: Textile and Clothing Industry; Intelligent Manufacturing; Cloud Manufacturing; Cloud Ecosystem

中小企业股权众筹融资效率评价研究
——以"大家投"平台为例

王千红　赖卢钰*

摘要：本文选择以大家投的互联网众筹平台为例，在梳理众筹融资模式及其效率评价研究成果的基础上，关注我国股权众筹融资平台的运行现状，并针对大家投股权众筹平台上 30 个样本运用 DEA 方法对其融资效率进行测算，以期对中小企业众筹平台的融资效率有一个科学的判断，为提高探索中小企业众筹融资平台提供决策参考。

关键词：中小企业；股权众筹；融资效率

众筹作为一种典型的互联网金融模式，具有融资门槛低、融资范围广、融资效率高等一系列传统金融模式无法比拟的优点，能够有效的解决中小企业资金短缺的问题，为中小企业提供了新型的融资渠道，也成为了促进我国中小企业经济发展的动力之一。目前，股权众筹作为融资规模最大、发展潜力最强的众筹模式，成为中小企业众筹融资的首选，但由于股权众筹融资过程复杂，相关法律不够完善，在融资过程中存在着较大的风险，这些问题都会对中小企业众筹融资的效率产生影响，因此，如何科学测算中小企业众筹融资效率成为此类融资平台决策的重要依据。

一、众筹融资模式及其效率评价的理论基础

（一）关于众筹融资模式的研究综述

由于传统的融资模式解决中小企业融资问题的能力有限，业界开始探索新的模式来提高中小企业的融资效率，而众筹的发展恰好能够有效地解决这一问题。国内外专家学者也越来越多的关注到中小企业众筹融资问题的研究，为众筹融资的实践发展提供了理论借鉴。国外学者对于中小企业融资新模式的研究较早。Peterson 和 Rajan(1995)[1]认为由于传统的金融机构认为中小企业贷款风险较高，其自身变现能力和还款能力较差，因此尽管有些中小企业的发展前景较好，但金融机构的放款态度依然比较谨慎。Jayaratne 和 Wollken(1999)[2]在此基础上，通过更加深入的研究，得出了普遍适用的理论，并提出了中小企业融资的规模匹配理论。该理论认为，由于中小企业规模较小，其承受银行贷款风险的能力较差、成本较高，因此中小企业可能更适用于除金融机构贷款之外的方式进行融资。随着互联网的发展，新兴的互联网融资方式也逐渐增多，这种快速高效的融资模式更适用于中小企业的融资需求。Jamie Weatherston(2014)[3]等人的研究结果高度肯定了众筹这一新型融资模式对帮

王千红，女，经济学博士，东华大学管理学院金融系副教授，硕士生导师。　研究领域：中小企业融资，银行管理，汇率与货币国际化。

赖卢钰，女，国际商务硕士，普华永道国际贸易咨询（上海）有限公司。

CREATIVE
ECONOMY
AND
MANAGEMENT
VOL.3 NO.1,
2017

065

助中小企业融资的作用。他们以英国的中小企业为研究对象,以企业成长周期理论为基础,讨论了英国企业在初创期、发展期、成熟期和衰落期不同期的融资状况。研究表明,当企业位于发展期和成熟期时,由于具有较快的成长速度和稳定的利润来源,企业的融资难度相对较低。但位于初创期的英国企业却较难从外部融得资金,因此众筹模式的发展很好地解决了英国初创期企业的融资难题。Bruton(2015)[4]则对发展中国家的中小企业融资问题进行了研究,研究认为,与发达国家较为完善的金融市场制度不同,发展中国家的金融市场存在着更为严重的信息不对称和投资壁垒问题,在这样的市场环境下,中小企业在创业初期的融资十分困难,它们迫切地想寻求一种新型的融资方式来增强企业的融资效率。而众筹融资的发展可以很好地利用互联网平台,增加了信息的共享程度,有效地对剩余资本进行了配置,不仅解决了融资企业的资金问题,而且大大提升了资本的流动性,让社会资本焕发活力。随着众筹模式传入中国,在该模式的理论探索和实践上国内学者也较多持乐观态度,目前,国内学者对众筹模式解决中小企业融资问题的讨论大多集中于对众筹的概念、特点和应用效果的研究。黄健青和辛巧利(2013)[5]认为,尽管众筹模式传入中国的时间不长,但由于中国中小企业迫切的融资需要和基数庞大的网民基础,众筹模式在中国有着十分乐观的发展前景。根据国外对于众筹模式的成功运用范例,众筹将会对解决中国中小企业融资难题起到至关重要的作用,并且可以大大推动中国市场经济的发展。王光岐和汪莹(2014)[6]通过对中小企业众筹融资运作模式和流程研究,认为众筹可以有效的降低中小企业融资的成本,缩小融资的周期,使企业可以更快、更有效的完成自身的融资需求。作为新型的融资渠道,众筹模式的发展弥补了传统融资渠道对

中小企业设置的融资门槛过高的现状,使中小企业融资焕发出新的活力。刘志坚和吴珂(2014)[7]则从众筹平台的角度叙述了众筹模式优势。众筹模式改变了人们传统的投资观念,促进了金融脱媒的发展,而众筹平台作为载体,可以发布中小企业的融资信息,这样不仅使信息更加透明化,有效地解决了投资过程中信息不对称的问题,降低了投资者的投资风险,另外平台广泛的宣传效应和集聚效应,能够使企业的融资需求得到尽可能大的扩散,从而有效地提高企业的融资效率。李文娟(2014)[8]等人通过对中美互联网众筹平台的比较研究,分析了两国众筹模式在运作流程、准入机制、风险防范和市场监管方面的共同点与区别,从而为我国众筹模式解决中小企业融资问题的发展提供了建设性的意见。文中提出,美国作为众筹模式的发源地,其整个市场对于众筹模式的运行机制和监管都更为规范,尤其在美国JOBS法案制定实施后,美国众筹行业逐渐形成了规范有效的发展趋势。而中国对于众筹方面的研究还处于摸索阶段,人们的观念和相应的政策法规还不健全,因此我国需要借鉴美国发展的先进经验,使得众筹模式可以更好的为我国中小企业服务。

（二）中小企业融资效率研究综述

中小企业融资难是一个世界性的问题,如何提高中小企业融资效率一直是学界和业界关注的热点。西方国家融资方式内生性成长背景,支持了比较早的融资效率的探索和研究。近年来随着我国金融市场的深化发展,对于中小企业融资效率的研究也在借鉴和跟踪的方式下逐渐丰富起来。曾康霖(1993)[9]在重新定义"融资效率"基础上,从企业的融资效率和融资成本两方面入手,分析验证了影响融资效率的因素,并基于融资效率的考量提出中小企业应优先考虑间接融资的方式。宋文兵

（1998）[10] 通过比较银行借贷和股票融资的融资效率，认为企业的融资效率和内涵应该包括交易效率和配置效率两个方面内容。王明华（2000）[11] 认为企业的融资效率会受到融资渠道、融资形式和融资规模的影响，但是就资本的趋利性而言，资金会自发的向盈利能力较强的主体流动，因此，企业的选择最终会对企业的融资能力产生影响。卢福财（2001）[12] 从宏观的企业再融资过程出发，建立了融资效率的评价体系。马亚军（2004）[13] 研究强调从动态角度比较分析企业对资本配置的合理性。王新红（2007）[14] 则采用实证研究的方法对融资效率的定义进行探究，他通过分析我国高新技术企业的融资效率，认为企业的融资效率是企业在维持正常生产经营水平时的融资能力，并可以将融入资金有效的转化到企业的生产活动中去。尚欣荣（2011）[15] 在后来的研究中对前人的观点进行了总结，并在此基础上重新定义了企业的融资效率，认为企业进行融资行为时，会产生相应的的融资风险和成本，并改变企业原有的融资结构和价值，对这些变化的衡量就是企业融资效率的体现。

（三）中小企业融资效率评价方法研究综述

在研究中小企业融资效率的过程中，使用什么样的评价方法也是一个因应性的探索过程。

有学者使用模糊评价法（伍装，2006[16]；肖科（2006）[17]）研究我国中小企业资金融入效率，并结合层次分析法、灰色关联度分析法和多元线性回归分析法判定相关因素的影响程度。有学者针对具体的行业或区域中小企业的融资效率问题采用熵值法（李冬梅（2007）[18]；张铁山和李萍（2009）[19]）进行效率评价。近年来随着中小企业关联的平台、版块、产业等信息揭示程度的改进，更多的学者采用数据包络分析法（DEA 模型）（王颖（2006）[20]；沈友华（2009）[21]；周政伟（2013）[22]；韩

騬（2016）[23]；）对不同板块、不同的行业、或不同产权属性的中小企业的融资效率进行评价，根据不同依托平台指标的可获得性，构建中小企业众筹融资效率的评价模型。这些研究成果提示，中小企业股权众筹项目融资效率问题属于典型的多决策单元的效率研究问题，而数据包络分析法（DEA 模型）通过测量各个决策单元的投入量和产出效益，能够有效的评价企业融资绩效。另外，在使用 DEA 模型时，测算软件可以根据样本的投入和产出量的特点，自动设定投入产出指标之间的函数关系。这就为本文选择使用数据包络分析法（DEA 模型）进行实证分析提供了科学的基础。

二、我国股权众筹平台运营现状分析

虽然股权众筹融资出现仅 6 年的时间，但在担当解决中小企业融资功能方面，作为一个新的渠道，也成为互联网金融创新发展的一个重要方向。

（一）我国股权众筹平台规模

在 2011 年，股权众筹模式进入中国，2011 年 11 月 11 日上线的天使汇是我国首家股权众筹平台，同年上线的还有创投圈。2012 年，大家投、众投天地等平台相继上线，股权众筹模式渐渐在中国发展起来。2013 年，国内股权众筹平台新增加了 6 个。2014 年，共有 54 家股权平台上线，国内股权众筹平台的整体规模逐渐增大。2015 年，平台总数达到了 125 家，呈显出爆发式的增长态势，因此 2015 年也被业内称为股权众筹的元年。根据 2016 中国众筹行业年报统计资料显示，截止到 2016 年 6 月为止，我国股权众筹平台数量共计 144 家。图 1 展示了我国股权众筹平台 2011 年到 2016 年的增长规模。

CREATIVE
ECONOMY
AND
MANAGEMENT
VOL.3 NO.1,
2017

067

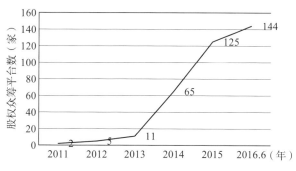

图1　中国股权众筹平台增长规模

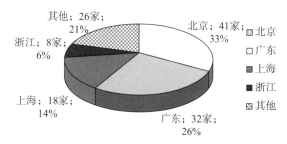

图2　我国股权众筹平台地区分布

（二）我国股权众筹平台的地区分布

如图2所示，截止2015年底，我国处于正常运营状态的股权众筹平台共计125家，主要分布在我国18个省市中，其中大多数的股权众筹平台位于北上广这三个全国经济实力最强的地区。北京的股权众筹平台数量为41家；广东的股权众筹平台数量为32家，上海的股权众筹平台数量为18家。仅这三个地区的平台总数就占全国股权众筹平台总数的73%。而其余34家平台则分布于我国中西部地区的其他14个省市地区，由此可见地区的经济实力和开放程度对于股权众筹模式的发展有较大的影响作用。

（三）我国股权众筹平台项目数及成交金额

根据行业相关数据统计显示，2016年我国股权众筹平台上新上线项目数3268个，融资金额的整体规模达到52.98亿元，同比增长了1.08亿元，涨幅为2.1%。新增项目的平均融资额为162.1万元。预期筹资为278.82亿元，与股权众筹项目成功筹资金额对比，完成率19%。从投资人次来看，截止2016年年底，中国股权众筹平台新增投资人数为5.76万人次。如图3所示，所有股权众筹平台中成功项目成交金额超过2亿元人民币的有9家，而累计成交融资金额分布在1000万元到5000万元人民币区间内的平台数量最多，达31家。

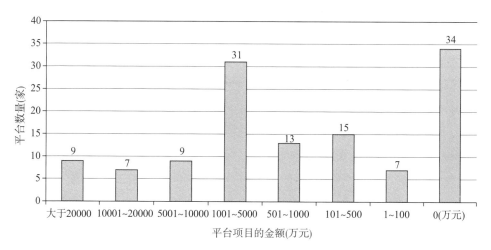

图3　我国股权众筹平台项目金额区间分布

068

在这些因素的推动下,中国股权众筹行业的发展迅速,股权众筹平台的数量也呈现出爆发式的增长。但2015 年后,股权众筹的热度明显降温,新增平台数量速度放缓,人们对于股权众筹融资的态度也更加谨慎。我们可以看到,尽管 2016 年全国股权众筹平台总体融资金额同比有所增长,但仍有 34 家股权众筹平台项目交易成功的金额数为 0,这说明我国股权众筹平台融资情况两极分化严重,大型、正规的平台竞争激烈,发展态势较好,但相较那些规模和名气较小,规则制定并不完善的平台,其上线项目融资失败率往往较高。另外,我国股权众筹融资平台的地区分布差异较大,分布不均的情况较为严重,平台大多集中于北上广及沿海地区,因为这些地区的经济水平较高,人们对股权众筹这一新兴事物的接受程度较好,对于那些中西部较为贫困的地区,股权众筹行业发展速度明显落后于经济较发达地区。

尽管众筹融资模式本身还处于起步阶段,但是从目前国内外的研究可以看出,众筹的融资模式创新了中小企业的融资方式,有效地解决了中小企业融资难的问题。相较于传统的融资方式,众筹融资具有众多优势。众筹是一种基于互联网技术的金融模式,具有信息可视化的特点,可以减少传统融资模式下信息不对称的问题,从而减轻投资者的顾虑。同时,企业通过众筹平台发布融资信息,众筹平台可以在短时间内聚集数量庞大的参与者,不仅可以提高融资的效率,还能降低每位投资参与者的投资额度,从而分散投资风险。因此随着中小企业的发展,众筹平台将发挥更多的功能。然而,作为一个众筹平台存续决策的关键,还在于正确评价其功能效率。通过对企业融资效率问题的研究综述,我们可以看到企业在融资的过程中,资金的来源和方式会对融

资成本和融资风险产生影响,而企业的配置能力会对最终资本的使用效果产生影响。如何降低企业在融资过程中产生的融资成本和融资风险,最终达到最有效的融资收益是衡量企业融资效率的关键。因此,本文选择大家投股权众筹平台为例,就其融资效率进行一个具体测算。

三、大家投股权众筹平台及其融资效率测算

(一)大家投平台简介

大家投是国内第一家使创业融资项目直接面对大众投资者的股权众筹平台。大家投的前身是众帮天使网,该网站成立于 2012 年 12 月,2013 年 7 月正式更名为大家投。该网站的创始人基于自身创业需要的资金现实考虑,凭借自身对互联网行业的认识和了解,发起了名为大家投的股权众筹融资项目。该项目一经推出,便吸引了100 万的资金投入,这些投资者分别来自全国八个地区,完美的诠释了众筹这一概念。大家投的创始人使用融来的资金,将项目逐渐完善壮大,形成了一个专门为股权众筹融资服务的平台。2013 年 3 月,大家投股权众筹平台进行了第一轮融资,以出让 20% 的股份从 14 个自然人和创新谷孵化器处融得 100 万元资金,平台估值为 500 万元人民币。2014 年 1 月,大家投以出让 10% 股份的条件进行了第二次融资,这次融资大家投获得资金 300 万元,其估值达到了 3000 万元人民币,相比第一轮估值提高了5 倍。到目前为止,大家投股权众筹平台项目总数近 300个,已完成项目的筹资金额共计 5389 万元,平台中注册的投资者达到了 28 万余人。成为我国股权众筹融资平

CREATIVE
ECONOMY
AND
MANAGEMENT
VOL.3 NO.1,
2017

069

台的优秀代表之一,推动了我国股权众筹融资行业的发展。

(二)大家投融资效率测算

1.样本指标选择

在使用 DEA 模型评价融资效率时,需要首先对投入指标和产出指标之间的相关性进行测算。只有证明本文选取的投入、产出指标具有一定的相关性,且相关系数为正,使用 DEA 模型评价融资效率的结果才是有效的,否则,如果投入指标和产出指标具有负相关性,那么就会影响评价结果的有效性。因此,在进行大家投的融资效率评价前,首先解决样本指标选择的问题,本文投入指标的设置主要考虑达到项目融资效果企业所投入的总成本,主要包括货币成本、人力成本和时间成本这三个方面,而衡量项目的货币成本、精力成本和时间成本的指标主要有筹资费用、团队人数和筹资期。筹资费用(X_1),即众筹融资项目完成后,平台方收取的服务费用。团队人数(X_2),即项目发起方投入的团队规模即团队人数。筹资期(X_3),即项目从公开融资到项目融资成功的总融资期。产出指标主要是用来衡量中小企业使用股权众筹融资的效果,产出指标的选择主要考虑项目的融资完成度,投资者人数和传播人数(韩骒,2016[23])。融资完成率(Y_1),即最终项目融得金额总数与领投人投入金额之比。投资者人数(Y_2),即项目完成时最终参与投资的人数。传播人数(Y_3),即项目融资过程中参与评论的次数。

首先使用 SPSS 软件对本文设定的三个投入指标和三个产出指标之间的相关性进行分析测试,测试结果如表 1 所示。从表 1 中可以看出,本文所设置的投入指标和产出指标都具有正向相关性,因此这些指标的设置符合了 DEA 模型对于效率评价指标的基本要求。

表 1　投入、产出指标相关性分析结果

		X_1	X_2	X_3
Y_1	Pearson 相关性	0.558**	0.246	0.170
	显著性(双侧)	0.000	0.058	0.194
Y_2	Pearson 相关性	0.115	0.324*	0.439**
	显著性(双侧)	0.380	0.012	0.000
Y_3	Pearson 相关性	0.115	0.324*	0.439**
	显著性(双侧)	0.380	0.012	0.000

注 a:* 表示在 0.05 水平(双侧)显著相关;
注 b:** 表示在 0.01 水平(双侧)显著相关。

2.大家投平台 30 个决策单元的投入产出效率分析

本文使用 DEAP2.1 软件对在大家投网站上选取的 30 个决策单元的投入产出进行效率分析,可得到样本的技术效率(TE)、纯技术效率(PTE)和规模效率(SE),其结果如表 2 所示。

表 2　大家投股权众筹平台上 30 个样本 DEA 融资效率测算结果

序号	项目名称	TE	PTE	SE
1	云计算互联网+服务平台	0.25	0.539	0.463
2	小红花(培养宝宝良好的生活习惯)	0.243	0.395	0.615
3	创青春收益权开店众筹平台	0.599	1.000	0.599
4	Car plus	0.237	0.564	0.421
5	挂壁式折叠智能干衣机	1.000	1.000	1.000
6	印刷助手 云印生态系统	0.289	0.425	0.679
7	乾元通幼教移动互联大数据基础接入平台	0.701	0.723	0.970
8	打工邦	1.000	1.000	1.000
9	喏喏-基于地理位置的技能社交平台	0.341	0.548	0.622

续表

序号	项目名称	TE	PTE	SE
10	"城隍小吃"连锁 &7lunch 平台	0.331	0.383	0.863
11	拼货郎 APP	0.846	1.000	0.846
12	小生活 实体商家自主开店优惠发布平台	0.437	0.586	0.746
13	游戏站	0.669	0.855	0.783
14	法爱工程软件	0.538	0.664	0.810
15	蜗牛庐 户外运动旅行的精品 O2O 平台	0.53	0.589	0.900
16	服务堡安装售后服务 O2O 平台—水掌柜	0.218	0.296	0.737
17	八达网	0.55	0.673	0.818
18	《三国演义》手机游戏	1.000	1.000	1.000
19	PPV 课—大数据在线教育平台	0.519	0.552	0.940
20	iMall（室内导向智慧商城 APP）	0.581	0.627	0.926
21	微火网（中小商家微信营销平台）	0.860	1.000	0.860
22	练练 个性化定制健身瘦身 app	0.794	0.920	0.863
23	云智能	1.000	1.000	1.000
24	买对了—购物实时互助社交平台	0.833	1.000	0.833
25	icup 情趣智能硬件（叉叉噢噢科技）	1.000	1.000	1.000
26	餐厨垃圾或有机废弃物循环利用项目	0.472	0.834	0.566
27	拇指生活 APP（本地生活 O2O）	0.353	0.353	1.000
28	中国美术视频网	1.000	1.000	1.000
29	内聘网	0.468	0.493	0.951
30	微星辰 app（演艺参与平台）	1.000	1.000	1.000

3. 大家投平台上的 30 个项目融资效率评价结果分析

根据 DEA 模型计算数据，如表 3 所示，可以总结出大家投平台上的 30 个项目融资效率的总体情况：

表 3 大家投股权众筹平台上 30 个项目融资效率总体情况

项目	TE		PTE		SE	
	项目数量	所占比例	项目数量	所占比例	项目数量	所占比例
有效	7	23.33%	11	36.67%	8	26.67%
非有效	23	76.67%	19	63.33%	22	73.33%

从表 2 和表 3 可以看出，在大家投股权众筹平台上的 30 个项目之中，有 7 个项目的综合技术效率有效，即 $TE=1$，11 个项目的纯技术效率有效，即 $PTE=1$，8 个项目的规模效率有效，即 $SE=1$，其分别占决策单元总数的 23.33%、36.67% 和 26.67%。作为综合技术效率有效的项目，其松弛变量为 0，这表明在这种情况下，这些项目在模型假设的条件内其融资效率是相对有效的，这些项目既无投入冗余（投入没有剩余并达到最小值），也无产出不足（产出无短缺并达到最大值）。其余的 23 个项目的综合技术效率都小于 1，虽然其中某项在纯技术效率或规模效率中等于 1，但依旧存在着投入冗余或产出不足的情况，这说明着 23 各项目的融资效率并非相对有效，存在改进的空间。因此，总的来看，大家投股权众筹平台上的项目融资效率效果不佳，综合技术效率相对有效的项目占项目中数的比例较小，那些融资效率非有效的项目存在着投入产出的不对应，投入成本在使用的过程中并没有得到最大效率的利用，存在着闲置与不足，平台项目的整体融资效率情况

CREATIVE
ECONOMY
AND
MANAGEMENT
VOL.3 NO.1,
2017

071

有待提高。

（三）大家投平台项目融资效率评价结果分析

1. 大家投融资效率的散点分布

利用散点图可以清晰地看出大家投股权众筹平台上 30 个项目的融资效率分布情况。在图 4 中，我们选取纯技术效率（PTE）作为散点图的 X 轴，选取规模效率作为散点图的 Y 轴，本文选取 30 个样本的纯技术效率和规模效率的指标均值作为标准线，来比较样本的相对融资效率水平，如图 4 所示。

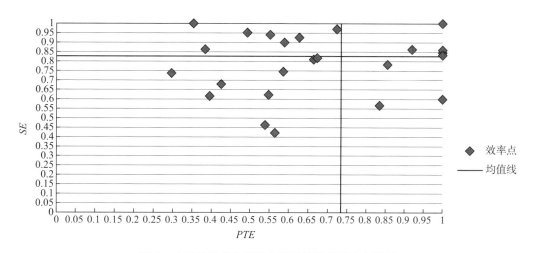

图 4　大家投股权众筹平台项目融资效率分布情况

经过计算得到，纯技术效率指标均值为 0.733，规模效率均值为 0.827，图 5 中位于两均值标准线以上区域的项目数量共计 10 家，占样本总数的 33.33%。说明大家投股权众筹平台上的项目整体融资效率水平还有待提高。另外通过观察样本的分布形态，可发现超过半数以上的样本集中在 PTE 均值线左侧，说明样本整体的纯技术效率较低。

2. 大家投融资效率的规模报酬分布

利用 DEA（数据包络分析）模型对大家投股权众筹平台上的 30 个项目的融资效率进行测算，可以从表 4 中看出这 30 个项目的规模报酬状况。

表 4　大家投 30 个项目融资效率规模报酬状况

序号	项目名称	规模效益增减性
1	云计算互联网＋服务平台	irs
2	小红花（培养宝宝良好的生活习惯）	irs
3	创青春收益权开店众筹平台	drs
4	Car plus	irs
5	挂壁式折叠智能干衣机	—
6	印刷助手 云印生态系统	irs
7	乾元通幼教移动互联大数据基础接入平台	irs
8	打工邦	—
9	喏喏—基于地理位置的技能社交平台	drs
10	"城隍小吃"连锁 ＆7lunch 平台	irs

续表

序号	项目名称	规模效益增减性
11	拼货郎 APP	irs
12	小生活 实体商家自主开店优惠发布平台	irs
13	游戏站	irs
14	法爱工程软件	irs
15	蜗牛庐 户外运动旅行的精品 O2O 平台	irs
16	服务堡安装售后服务 O2O 平台-水掌柜	irs
17	八达网	irs
18	《三国演义》手机游戏	—
19	PPV 课—大数据在线教育平台	irs
20	iMall(室内导向智慧商城 APP)	drs
21	微火网(中小商家微信营销平台)	drs
22	练练 个性化定制健身瘦身 app	irs
23	云智能	—
24	买对了—购物实时互助社交平台	irs
25	icup 情趣智能硬件(叉叉噢噢科技)	—
26	餐厨垃圾或有机废弃物循环利用项目	drs
27	拇指生活 APP(本地生活 O2O)	—
28	中国美术视频网	—
29	内聘网	drs
30	微星辰 app(演艺参与平台)	—

从表 4 可以看出大家投股权众筹平台上有 8 家达到了规模效益不变(即"—"),占项目总数的 26.67%,这说明有 26.67% 的企业投入和产出达到了 DEA 有效,说明项目的投入规模达到了最合适的状态,而其余的 22 家企业并没有达到 DEA 有效。在这这些非 DEA 有效的企业中,有 6 家处于规模报酬递减的状态(即"drs"),同样也占项目总数的 20%,另外,超过半数的项目处于规模报

酬递增的状态(即"irs"),共计 16 家,占项目总数的 53.33%。这说明这些企业的产出水平的增长比例要明显高于投入的水平,投入并没有实现产出的最大化,存在着投入闲置或不足的情况,整体的融资效果欠佳,融资效率有待提升。

3.大家投融资效率的投影分析

数据包络分析(DEA)模型中的松弛变量分析结果能够表明各个投入产出指标冗余或不足的趋势,为企业改善融资效率状况指出方向。使用 DEAP2.1 对 30 个样本项目进行松弛变量测算,可以看出三项投入指标的冗余情况和三项产出指标的产出不足情况,分析结果如表 5 所示。从统计结果上看,30 个样本中,存在产出不足的样本数量有 19 家,占样本总数的 63.33%,说明这些项目的产出需要提高,增加产值。样本中存在投入冗余的同样也有 19 个项目,占样本总数的 63.33%,其中筹资期和团队人数两项投入指标的冗余数超过了样本总数的半数以上。整体上看,大家投平台上中小企业的融资效率偏低,普遍存在投入冗余和产出不足的问题,说明企业对资本的使用效率较低,企业可以制定更加合理的团队规模和筹资期限,使得投入产出比率更加合理。

表 5　投入产出冗余分析

冗余分析	产出			投入		
	融资完成率	投资人数	传播人数	筹资费用	团队人数	筹资期
冗余项目数	9	11	10	9	17	19
冗余项目数量比	30%	36.67%	33.33%	30%	56.67%	63.33%

表 6 展示了样本数据的投影结果,通过对样本数据的投影分析,可以将相关投入产出变量进行调整,最终到达 30 个决策单元均达到融资效率 DEA 有效的目标值。

CREATIVE
ECONOMY
AND
MANAGEMENT
VOL.3 NO.1,
2017

073

表 6 融资效率 DEA 有效的投影结果

序号	项目名称	O_1^-	O_2^-	O_3^-	I_1^+	I_2^+	I_3^+
1	云计算互联网＋服务平台	13.057	19.149	35	2.155	5.386	46.861
2	小红花(培养宝宝良好的生活习惯)	15.708	20.408	31.326	2.373	3.164	31.242
3	创青春收益权开店众筹平台	20.375	44	65	8.15	12	59
4	Car plus	11.616	18.74	34	2.172	8.461	45.125
5	挂壁式折叠智能干衣机	13.15	83	109	2.63	6	117
6	印刷助手 云印生态系统	12.611	24.61	43	2.191	3.828	49.345
7	乾元通幼教移动互联大数据基础接入平台	11.041	38	49.77	7.721	1.279	20.967
8	打工邦	7.5	86	108	3	6	43
9	喏喏—基于地理位置的技能社交平台	16.75	31	42.758	3.117	4.385	38.913
10	"城隍小吃"连锁 ＆7lunch 平台	9.569	40.576	52	2.78	12.506	26.073
11	拼货郎 APP	10.2	34	51	2.55	7	31
12	小生活 实体商家自主开店优惠发布平台	12.4	21	45.303	1.816	2.865	75.588
13	游戏站	12.954	27	43.449	3.419	2.564	44.45
14	法爱工程软件	16.667	19	41.8	1.66	3.945	91.619
15	蜗牛庐 户外运动旅行的精品 O2O 平台	13.7	30	45.224	2.357	3.535	41.246
16	服务堡安装售后服务 O2O 平台—水掌柜	11.361	29.764	40	3.031	10.324	21.884
17	八达网	16.667	20	42.618	1.682	4.007	90.841
18	《三国演义》手机游戏	6.667	15	58	1	2	132
19	PPV 课–大数据在线教育平台	11.2	16.913	46.306	1.545	2.56	92.726
20	iMall(室内导向智慧商城 APP)	14.3	34.976	46	3.231	3.338	25.716
21	微火网(中小商家微信营销平台)	23.333	22	61	3.5	20	87
22	练练 个性化定制健身瘦身 app	14.333	20.498	40	1.977	3.08	63.462
23	云智能	12	25	34	9	0	15

074

续表

序号	项目名称	O_1^-	O_2^-	O_3^-	I_1^+	I_2^+	I_3^+
24	买对了—购物实时互助社交平台	10	16	21	2.5	18	17
25	icup 情趣智能硬件（叉叉噢噢科技）	13.8	20	30	3.45	6	18
26	餐厨垃圾或有机废弃物循环利用项目	20.5	39.579	62	7.161	12.409	60.052
27	拇指生活 APP（本地生活 O2O）	15.778	30.266	41	2.51	3.614	30.752
28	中国美术视频网	26	11	30	1.3	6	124
29	内聘网	20	24	38.927	2.463	4.434	76.848
30	微星辰 app（演艺参与平台）	16.667	21	29	2.5	3	22

注 a：O_1^-、O_2^-、O_3^- 分别为产出变量融资完成率、投资人数和传播人数三项的 DEA 有效目标值，而 I_1^+、I_2^+、I_3^+ 分别为投入变量筹资费用、团队人数、筹资期三项的 DEA 有效目标值。

四、研究结论

随着时代的发展，众筹融资成为了一种新型的模式，可以有效的帮助中小企业解决融资问题，提高中小企业的融资效率。自 2011 年股权众筹融资模式传入中国，国内多家股权众筹融资平台纷纷成立，中小企业可以通过众筹平台发布项目相关信息和资金需求，直接与投资人进行交流，不仅扩大了融资的渠道，而且节省了融资时间，为资金需求企业和投资者之间搭建了一个良好的交流平台。可以说，股权众筹模式的发展为中小企业融资带来了新的机遇，有效地提高了中小企业的融资效率。通过基于大家投的融资效率测算发现，我国中小企业股权众筹融资效率整体情况较差，技术效率和规模效率还不很理想，并且样本中大多数中小企业存在产出不足或投入冗余的状况，这些情况将会大大影响企业的融资效率。因此，如何合理的对中小企业股权众筹融资的投入进行设置，以达到最有效的产出，是提升我国中小企业股权众筹融资效率的重要所在。

参考文献

[1] Peterson M.A.,Rajan,R.G.The Effect of Credit Market Competition on Lending Relationships[J].Quarterly Journal of Economics ,1995,110(2):407 - 443.

[2] Jayaratne J.,Wollken J.How Important Are Small Banks to Small Business Lending?:New evidence from a survey of small firms[J]. Journal of Banking and Fiance,1999(2):427 - 458.

[3] Stephanie A.M.,Weatherston J.The Benefits of Online Crowdfunding for Fund - Seeking Business Ventures[J]. Strategic Change, 2014,23(1 - 2): 1 - 14.

[4] Garry Bruton, Susanna Khavul, Donald Siegel and Mike Wright.New Financial Alternatives in Seeding Entrepreneurship: Microfinance, Crowdfunding, and Peer - to - Peer Innovations[J]. Entrepreneurship Theory and Practice,2015,39(1): 9 - 26.

CREATIVE
ECONOMY
AND
MANAGEMENT
VOL.3 NO.1,
2017

075

[5] 黄健青,辛乔利."众筹"一新型网络融资模式的概念、特点及启示[J].国际金融,2013(9):64‒69.

[6] 王光岐,王莹.众筹融资与我国小微企业融资难问题研究[J].新金融,2014(6):60‒63.

[7] 刘志坚,吴珂.众筹融资起源、发展与前瞻[J].海南金融,2014(6):77‒81.

[8] 李文娟,严丹荔,郭迎雪,付方方.中美网络众筹融资模式比较研究——以 Kickstarter 和点名时间网站为例[J].国际商务财会,2014(8):56‒61.

[9] 曾康霖.怎样看待直接融资与间接融资[J].金融研究, 1993(3): 7‒10.

[10] 宋文兵.关于融资方式需要澄清的几个问题[J].金融研究,1998,46(11): 85‒87.

[11] 王明华.企业融资效率·融资制度·银行危机[M].北京:中国经济出版社.2000.

[12] 卢福财.企业融资效率分析[M].北京:经济管理出版社,2001.

[13] 马亚军,宋林.企业融资效率及理论分析框架[J].吉林财税高等专科学校学报,2004(2): 19‒23.

[14] 王新红.我国高新技术企业融资效率研究[D].西北大学,2007.

[15] 尚欣荣.我国上市公司融资效率研究综述[J].技术与创新管理,2011,32(4):346‒349.

[16] 伍装.中国中小企业融资效率研究[J].软科学,2006(8):132‒137.

[17] 肖科,夏婷.湖北中小企业融资效率的模糊综合评价[J].武汉金融,2006(7): 42‒44.

[18] 李冬梅.黑龙江省上市公司融资效率问题研究[D].哈尔滨工程大学经济学硕士学位论文,2006.

[19] 张铁山，李萍.信息产业民营上市公司融资效率分析[J].会计之友,2009,6(2):50‒53.

[20] 王颖，钟佩聪.中小企业股权融资效率评价[J].经济论坛,2006(23):108‒109.

[21] 沈友华.我国企业融资效率及影响因素研究一基于国有企业和民营企业融资的比较分析[D].江西财经大学博士学位论文,2009

[22] 周政伟.山东省民营中小企业融资效率研究[D].山东财经大学,2013.

[23] 韩騄，张元萍. 商品回报型众筹项目融资效率研究[J].财经论丛,2016(8):44‒50.

Research on Crowdfunding Financing Efficiency of Smes
——Based on "Da Jiatou" Equity-based Crowdfunding Platforms

Wang Qianhong，Lai Luyu

Abstract：The emergence of Internet banking just solve this problem, the crowdfunding as a typical financial model of the Internet banking, with a low threshold of financing, wide range of financing, high financing efficiency and other advantages which are traditional financial model can not be compared. Crowdfunding can effectively solve the problem of shortage of funds for SMEs, not only provides a new financing channel for them, but also become one of the driving forces to promote the economic development of SMEs in China. At present, the equity-based crowdfunding as the largest and strongest development potential financing mode, has become the first choice of SMEs, but because of the equity-based crowdfunding process is complex, the relevant laws are not perfect, there are a large number of risks in the financing process, which will affect the efficiency of SMEs financing. Therefore, how to solve these problems and improve the crowdfunding financing efficiency of SMEs has become the key to this article.Based on the specific equity-based crowdfunding platforms of China, we try to evaluate the financing efficiency in order to improve the financing efficiency of SMEs in china.

Key Words: SMEs; Equity-based Crowdfunding; Financing Efficiency

CREATIVE
ECONOMY
AND
MANAGEMENT
VOL.3 NO.1,
2017

创意经济视角下规避旅游产业同质化陷阱的路径研究

陈 叶

摘要： 实现旅游产业的创新发展逐渐成为当前该产业转型升级的路径选择，然而现阶段旅游产业发展的同质化已成为阻碍我国旅游产业可持续发展的一大难题。为寻求脱困之路，在探寻我国现阶段旅游产业存在旅游产品设计、旅游目的地品牌定位、旅游企业营销策略等三类同质化困境表现基础上，基于创意经济视角挖掘旅游产业发展同质化的影响因子，据此提出规避同质化的四条路径选择：挖掘文化内涵助推旅游产业本土化；创新设计思维激发"发散式"新思维；巧用新媒体提升营销策略创意性，形成多元合力树立品牌效应，以此加速构筑旅游产业多元差异化的发展样态。

关键词： 创意经济；旅游产业；同质化

引言

2014年5月，中国社科院财经战略研究院发布《城市竞争力蓝皮书：中国城市竞争力报告NO.12》（以下简称《蓝皮书》），突出强调了沪苏浙皖区域合作能够实现集群优势。《蓝皮书》显示2004年之后，长三角整体的产业结构相似度系数均值连续7年持续上升，2010年达到0.795，发生了明显的产业同构现象。随着对经济新常态认知的逐步深入以及创意经济发展态势的兴起，国家对创新经济发展的日益重视，旅游产业的可持续发展已成为学术界与实践界关注焦点。近年来，全国旅游产业的发展模式"千篇一律"，缺乏创意，因而降低了旅游产业的竞争力与发展活力。超级经济区城市之间产业同质化是一个不容忽视的问题，旅游产业的同质化困境亟待解决。

国外学者对旅游产业的研究多集中于外界的异质性因素对该产业发展的影响。Tinsley R（2008）[1]等研究指出乡村旅游目的地的选择与当地小型旅游产业的网状发展具有密切联系，强调了个人、商业社区和目的地层级的差异性对小型旅游产业发展的影响。Eusébio C（2017）[2]等通过葡萄牙人口样本中的聚类分析，揭示了向不同群体提供差异化农村旅游产品的重要性，从而改善了农村目的地的管理和营销。Rasoolimanesh（2016）[3]等通过实证研究分析居民对旅游产业的支持和参与的积极和消极观念的异质性对旅游产业可持续发展的影响。

国内学者关于旅游同质化的相关研究主要零散见于部分文献之中，并未进行系统性的归纳。包括旅游纪念品市场同质化（杨勇，2006）[4]、旅行社产品同质化（杨丽，2009）[4]、温泉旅游同质化（李冬芹，2011）[6]等。郑健民（2005）[7]等在探索浙江开化县森林旅游产业发展问题过程中提出该县没有形成自身独特的森林旅游产业品牌，与省内其他县市出现了同质竞争而缺乏竞争力；丁培卫

陈叶，女，浙江绍兴人，东华大学人文学院管理学研究生。 研究方向：政治设计与行政体制改革。

078

(2010)[8]在研究乡村旅游产业的发展现状后提出乡村旅游存在建设盲目性、同一地区重复建设的问题;祖群英(2014)[9]从区域旅游产业发展合作的角度做出分析,闽台文化旅游产业拥有同质相殊的文化资源但却未加以有效整合,缺乏区域规划与地域族群文化特色。另一方面,发展创意经济是当前我国经济发展方式转型的必然趋势,然而创意经济与旅游产业融合的趋势还未全面铺开,传统旅游产业发展路径仍居主导地位,刘奕如(2015)[10]分析霍州市文化旅游发展的制约因素时得出其发展模式仍陷于观光旅游和门票经济的传统中。

总体而言,目前国内外学者对旅游产业自身发展的同质化问题还未有系统的研究,没有文献对同质化现象进行整合归类研究。本文以创意经济理论为基础,首先归纳分析了旅游产业向创意经济转变的现实基础,然后构建了创意经济视角下旅游产业多元化与差异化的实现路径,以期建立旅游产业多元方向的有效运作机制,为实现我国旅游产业的可持续发展,提升服务业发展水平,助推中国经济转型升级提供借鉴。

一、旅游产业以创意经济产业为导向的现实基础

(一)法律法规建设基础

为了贯彻落实创意经济发展及其配套政策,进一步促进我国各大产业结构的合理化与良性发展,加快形成多元化、多层次的产业发展体系,各地方政府部门和单位相继出台了相关政策条规,表1列举了近几年部分地区出台的相关的创意产业经济发展政策。如表1所示,关于创意产业经济的政策主要集中在北京、上海、杭州、山东、江苏等沿海较发达省份和城市,一定程度上反映创意产业发展所需的传统经济基础。通过"法律之星"平台检索发现,各省市从宏观层面制定创意产业发展的政策文件多达3767条,但制定关于旅游创意经济发展的专门针对性文件还相对较少。

表1 地方政府促进创意产业经济发展所颁发的综合性政策文件

发布部门	文号	政策文件名称
北京市人民政府办公厅	京政办发[2016]23号	关于印发《北京市文化创意产业发展指导目录(2016年版)》的通知
上海市财政局、上海市文化创意产业推进领导小组办公室	沪财教[2015]2号	关于延长《上海市促进创意设计产业发展财政专项资金实施办法(试行)》文件有效期的通知
苏州市人民政府	苏府[2015]108号	关于进一步加快文化创意产业发展的若干政策意见的通知
杭州市人民政府	杭政办函[2015]51号	关于深入推进文化创意产业与相关产业融合发展的实施意见
上海市宝山区人民政府办公室	宝府办[2014]40号	关于转发区经委、区发展改革委制订的《宝山区文化创意产业发展引导资金使用管理办法》通知
北京市人民政府	京政发[2014]13号	关于印发《北京市文化创意产业功能区建设发展规划(2014—2020年)》和《北京市文化创意产业提升规划(2014—2020年)》的通知
中共青岛市委宣传部 青岛市财政局 青岛市文化广电新闻出版局	青财教[2014]6号	关于印发《青岛市财政局文化创意产业贷款贴息管理暂行办法》的通知
北京市人民政府办公厅	京政办发[2013]52号	关于进一步鼓励和引导民间资本投资文化创意产业若干政策的通知

CREATIVE
ECONOMY
AND
MANAGEMENT
VOL.3 NO.1,
2017

079

续表

发布部门	文号	政策文件名称
北京市人民政府办公厅	京政办发〔2013〕52号	印发关于进一步鼓励和引导民间资本投资文化创意产业若干政策的通知
北京市财政局	京财文〔2010〕2170号	关于印发《北京市文化创意产业发展专项资金管理办法实施细则》的通知

资料来源:法律之星(网址 http://law1.law-star.com/)。该网站涵盖了中央和地方政府批准和颁布的各类现行法律、行政法规、部门规章、司法解释、地方性法规、规章、规范性文件,是一套完整的法律法规文件检索网站,下同。

微观具体政策措施方面,扶持创意产业发展的政策主要从推动产业要素集聚、公共技术服务平台建设、贷款贴息、保障土地供给等方面着手(表2),围绕打造各地方创意产业经济发展先锋,不断丰富政策内容,优化创意产业发展生态环境,持续健全创意产业服务体系。地方政府出台这一系列的政策充分论证创意经济发展的必要性与重要性,为其可持续发展提供政策指导和制度基石保障。

表2 地方政府促进创意产业经济发展的主要措施

政策条目	主要措施
创意产业发展政策	坚持统筹协调、重点突破,市场主导、创新驱动,文化传承、科技支撑的基本原则,突出七大领域融合,着力推进"五个一批"建设,有效提升我市"文创产业化、产业文创化"和"智慧产业化、产业智慧化"水平。(2015) 通过优化完善区域功能定位和产业空间布局,着力建设20个文化创意产业功能区,打造推动产业要素集聚、服务平台建设及政策措施落地的政策空间载体。(2014) 鼓励和支持文化创意产业领域公共技术服务平台建设,对文化创意产业园区(基地)内新引进或新建的公共技术服务平台,经认定,对承建单位给予一定补贴。对企业使用经认定的公共技术服务平台的,三年内按其实际使用支出费用给予一定补贴。(2013) 鼓励原创设计精品。对我市设计企业原创设计的产品获得国家级、省级政府类奖项的,给予一次性不超过50万元的奖励。(2013) 对于处于成长期文化创意企业的项目,采取贷款贴息的方式鼓励企业或单位,通过银行信贷资金完成项目的技术改造、成果转化、知识产权开发、开拓国际市场等。(2010)

资料来源:法律之星(网址 http://law1.law-star.com/)

(二)创意经济实践基础

伴随着创意经济理念的逐步深入,可以涉及广告、建筑、艺术、工艺品、设计、电影、音乐、表演艺术(戏剧/歌剧/舞蹈/芭蕾)、视频游戏等(约翰·霍金斯,2006)[11],关于创意产业经济的实践自2010年以来在全国较发达城市相继铺开;程乾和方琳(2015)[12]基于生态位视角分析了上海、杭州、南京、苏州的文化旅游产业竞争力;发展文化创意旅游产业是推动旅游产业升级的重要途径,2012年郑州市开始致力于发展文化创意旅游产业努力打造文化创意旅游品牌,建立和完善产业的市场管理机制,以丰富的旅游产品和优质的服务意识树立旅游品牌和城市形象(赵洁,2013)[13]。沿海较发达地区成为创意经济的先行者和试验田,这为全国范围内的推广提供了实践基础。

综上所述,创意产业的理念已逐步深入人心,如何实现从理论层向实践层的良性过渡以及如何避免创意产业核心的偏移成为现今必须聚焦的热点。

二、创意经济视角下突破旅游产业同质化陷阱的路径构建

(一)对于创意经济的内涵认知

国内外学者关于创意经济的内涵并未有统一界定,但其核心构成要素已渐趋明朗。创意产业一定程度上等同于创意经济,更具体而言创意产业是创意经济的全部构成

080

要素(约翰·霍金斯,2006)[11],它是一种新型的经济形态,创意产业是该经济形态的主要表现形式,创意经济的主要构成要素是人的创造力、知识产权保护和现代科技手段(陈伟雄,2013)[14],创意产业是创意经济发展的核心载体(厉无畏,2008)[15],以文化所承载的价值等无形资本为核心要素。季昆森(2008)[16]另明确把创意经济理解概括为挖掘深厚文化底蕴,运用先进科技手段,融入新奇怪特创意,创造巨大财富价值,即文化、科技、创意三大要素推动创意经济创造财富。另外,创意经济可以从两个维度深入理解其本质内涵:作为核心资源的创造力和作为发展载体的知识产权(邹红,2010)[17]。由此可见,创意经济的主要表现形式是创意产业,其核心要素包括文化内涵、创造力、知识产权和科技,最终目的是创造社会财富。

（二）旅游产业与创意经济的交互关系

旅游产业与创意经济两者属于相互交叉的关系。一方面,旅游产业能够发展成为创意产业。从创意经济的属性认知可得,任何产业通过注入创意经济的核心要素,如提高产业创新水平、注入文化要素、依靠新媒体新科技手段等方式都能由传统的产业向创意产业转型升级。另

一方面,创意产业又是创意经济的主要表现形式。旅游产业近年来作为第三产业的龙头产业,面临着机遇和挑战。机遇是通过在其传统的产业发展模式中挖掘核心特色文化元素、注入创意元素,由传统的第三产业经济形态向创意经济形态转型升级,形成具有高附加值的创新型产业结构。挑战是解决其产业创新发展和转型升级的难题。一旦向创意产业成功转型升级,创意旅游产业就成为创意经济的重要表现形式之一。而未转型成功的传统旅游产业,则依然与创意经济相分离。

（三）构筑旅游产业多元差异化发展样态的框架

图 1 构建了"创意经济"视角下旅游产业多元差异化的发展样态的实现路径,描述了创意经济发展导向下如何准确的规避当前我国存在的旅游产业同质化陷阱。最初旅游产业发展理念的偏离体现在产品设计层面。其次理念决定发展定位方向,定位最终影响产品营销策略的选择,由此构筑了旅游产业同质化特征关系链。加速旅游产业生态绿色链的形成,关键要引入创意经济,并以此为切入点,最终实现产业竞争力的提升、旅游产业的可持续发展以及催生经济发展动力转换。

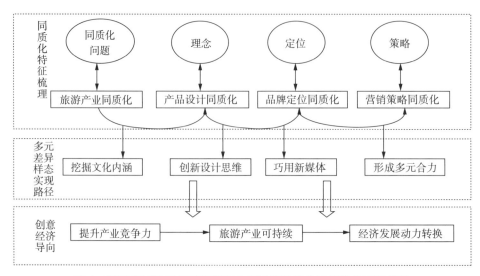

图 1　"创意经济"视角下旅游产业多元差异化发展样态的实现路径

CREATIVE
ECONOMY
AND
MANAGEMENT
VOL.3 NO.1,
2017

081

三、旅游产业发展的同质化困境表现

据联合国世界旅游组织测算,2016 年中国旅游业对国民经济综合贡献达 11%,中国旅游业对社会就业综合贡献超过 10.26%。旅游产业作为我国第三产业的重要支柱性产业,其产业范围的内涵和外延也随之扩大,本研究将其同质化困境划分成以下三种类型。

(一)旅游产品设计的同质化

旅游产品并非单指某一种具体的商品,可以区分为整体旅游产品和具体旅游产品。整体旅游产品指旅游业各部门联合提供给游客的一次完整的旅游活动,具体旅游产品指旅游业各部门为满足游客吃、住、行、游、购、娱这条完整的旅游产业链中的具体旅游活动需求而分别提供的实物、服务或体验(吴晋峰,2014)[18]。包括旅游中的美食售卖、摄影服务、景点解说器出租等都属于旅游产品,本文所指的旅游产品设计的同质化,主要表现为具体旅游产品外观、形态等设计的同质化。

以重庆市体验式旅游产品扎堆建设为例。2016 年重庆市赏花景区轮番开园,已成为重庆旅游业的一大热点。重庆市已有近 50 个赏花景点,平均每个区县就有大约 2 个,但全市仍然还在新增赏花景点,除了景点赏花外,夏季漂流、玻璃景观等体验式旅游项目也在重庆市蜂拥出现。因产品的雷同性,造成不少景区频繁出现恶性价格竞争。旅游单位仅仅根据旅游产品的"热度"来设计产品,盲目跟风建设、追求赚快钱,完全未考虑该旅游产品在市场中的供需状况和产品后续发展的潜力,缺乏区域与地方特色。大量同质化产品的设计推出,最后必将导致该产品的市场供求不平衡,供大于求现象易引发价格战导致恶性竞争破坏市场经济秩序,阻碍行业的健康发展。

(二)旅游目的地品牌定位的同质化

目的地品牌化是把一个地方的所有特征属性合并于同一概念之中,从而表达一个独特的目的地身份和个性,是区别于其他竞争者的优势特征(Kaplanidou、Vogt,2011)[19]。其本质目的是要区别于其他竞争者从而实现差异化发展,但是,当前旅游产业的发展中,旅游目的地品牌设计定位存在相互模仿导致品牌价值偏低的现象。游客对旅游目的地的品牌定位外显于广告牌、宣传标语。例如香港的品牌定位就是"购物之都";三亚游定位为阳光(sun)、海水(sea)和沙滩(sand)的"3s"。但旅游品牌建设往往需要结合当地的旅游资源、人文环境等,避象区域之间品牌定位的同质化现象。

江浙沪一带的古镇旅游品牌定位的同质化表现尤为突出。仅浙江的古镇旅游就有乌镇古镇旅游、西塘古镇旅游、绍兴古镇旅游、南浔古镇旅游等十余条古镇旅游路线;上海拥有南翔古镇、朱家角古镇等古镇旅游线路;江苏有周庄古镇、同里古镇、角直古镇、惠山古镇、锦溪古镇等旅游线路。且不说古镇建筑是否趋同,古镇品牌定位本应与区域自然景观、人文历史相结合而建,但实际古镇旅游胜地商铺林立,古镇以旅游的旗号大肆开展商业活动。古镇的品牌定位形同虚设,同质化愈陷愈深,缺失地方特色,文化差异不明显,不免产生"走到哪里都是古镇"的错觉,导致游客"过而不入",致使"游客"变"过客"。旅游目的地品牌价值的同质化极易造成游客"用脚投票"的趋势越发明显,造成品牌贬值乃至"无品牌"。

(三)旅游企业营销策略的同质化

随着大数据时代的到来,实体旅游企业(旅行社)逐渐被在线旅游企业所替代。大数据的 4V 特点:Volume(大量)、Velocity(高速)、Variety(多样)、Value(价值)给在线旅游企业的发展带来机遇的同时也带来了巨大的挑战。就在线旅游企业而言,从携程到艺龙、去哪儿、芒果等数十家旅游企业经营模式都极为类似。"酒店+机票+度假"的商业模式的运用,恰是旅游企业营销策略同质化的表现,但旅游市场只有一个,如何在竞争中脱颖而出

082

摆脱同质化陷阱是需要解决的难题。

去哪儿和携程两大在线旅游企业在自营营销模式和平台化营销策略中竞争愈演愈烈。自去哪儿发动了平台化和移动端的营销战略后，携程原有的合作伙伴，例如航空公司和酒店集团，为获取丰厚利润，纷纷希望摆脱 OTA（Online Travel Agent），建立独立的官方订票渠道，平台化的营销模式让去哪儿迅速聚集了许多票源。

2014 年携程全年营收同比增长 36%，达 78 亿元，同时，营业亏损 1.51 亿元，同年第四季度，去哪儿酒店业务总收入 1.02 亿元，但签约酒店、前台切客的成本高达 1.11 亿元。去哪儿 2014 年全年总营收 17.6 亿元，同比增长 106.5%，但全年仍净亏损 18.4 亿元。作为破坏性的颠覆者，去哪儿以亏损换来市场份额的提升。这两家公司的发展模式越来越相似，要避免同质化竞争带来的风险，企业营销策略亟待更新换代。

四、旅游产业发展的同质化困境的"创意经济"解释

（一）理念缺陷：文化内涵的缺失和偏离

旅游产业发展同质化的根源在于产业发展理念中文化内涵的缺失和偏离。文化内涵的缺失是指当前旅游产业快速发展过程中追求旅游目的地的盲目重复建设，重市场轻文化，旅游产业发展简单化、模式化、商业化，没有挖掘当地的文化内涵和文化特色，缺乏创意。文化内涵的偏离是指伴随着近年来出现的传统文化热现象，一些旅游目的地开始挖掘当地的传统文化，但在这个挖掘传统文化的过程中出现了热衷于仿古文化，制造伪文化，甚至挖出低俗文化的文化内涵偏离的现象。

党的十八大报告提出经济、政治、文化、社会、生态文明建设"五位一体"的总体布局，揭示出五者之间具有不可分割的联系。其中，文化要素与经济要素之间的融合

态势不可忽略。从文化元素转化为文化形态，继而转化为文化产品，最终由文化产品生产转化为文化产业形成文化生产力[20]。当前，文化生产力已经成为我国第三产业发展的重要驱动力，形成了一种新型的经济形态——文化经济形态。文化经济形态是文化与经济相互交融的情形，其中涵盖文化事业、文化产业、文化消费，呈现出文化经济化、经济文化化的现象[21]。但市场经济条件下，旅游产业的发展存在文化内涵的缺失与偏离问题，单纯以 GDP 的快速增长为经济发展指标的理念始终难以转变。传统旅游产业依靠门票、吃、住、行等纯经济性消费收入为主的发展模式使得其产业发展缺乏核心竞争力。

（二）定位缺陷：品牌定位的模糊与错位

传统旅游产业由于缺乏文化竞争力且长期以旅游产业占 GDP 的比重来衡量该产业的竞争力，致使其发展定位长期的模糊与错位。旅游产业的成功发展离不开自身准确的品牌定位。发展定位要体现产业的独特性，凸显其核心竞争力。品牌定位模糊指对产业自身品牌认识不清或者发展定位没有与当前经济发展的趋势相结合，出现品牌定位未能体现该产业的特色或者定位过于保守未与经济发展态势相结合的现象。产业品牌定位的错位是指在产业出现集聚态势的今天，品牌的定位出现"随波逐流"，模仿发展"热"企业，把不适合自身产业发展的定位直接嫁接过来的现象。有研究表明，旅游目的地环境与旅游者自身所处环境的差异性程度越高，对游客的吸引力越大[22]。也就是说旅游目的地品牌定位越具新颖性、独特性，其对游客的吸引力就越大。当前旅游产业的发展正是由于缺乏清晰的发展定位，仅以高经济效益成为发展驱动力，致使盲目开发，重复建设，造成旅游目的地同质化现象严重。

（三）工具缺陷：市场营销工具的单一与落后

随着"互联网+"时代的到来，新技术、新媒介的不断出现，传统营销工具已经难以适应社会的快速发展，营销

CREATIVE
ECONOMY
AND
MANAGEMENT
VOL.3 NO.1,
2017

083

手段对网络的依附性逐渐增强,新媒体的使用比重已经远远超过了传统媒体。营销工具从报纸、杂志、广告牌等转变为新媒体(微博、微信等)广告。传统旅游产业依靠实体旅行社的广告推销已经难以吸引消费者的眼球,此时在线旅游企业、互联网营销手段便应运而生。但传统旅游产业的发展囿于文化理念的缺失和发展定位的不当,在营销工具的选择上依然难逃同质化的怪圈。不论是各大旅行社相继推出的低价游套餐以价格差价取胜的恶性竞争,还是在线旅游企业通过相似的网络平台以价格优势抢夺客源的方式,旅游产业的发展依然难逃被价格操纵的困境。旅游产业市场营销工具的单一与落后,在消费者异质性扩大化的背景下,如不创新其营销工具,用创意手段吸引客源,则该产业发展难以持续。

五、结语与政策建议

本文从理念缺陷、定位缺陷以及工具缺陷原因入手,分析了我国现阶段旅游产业存在旅游产品设计、旅游目的地品牌定位、旅游企业营销策略等三类同质化困境,结合本文所构建的创意经济视角框架,为突破和规避我国现阶段旅游产业同质化发展陷阱,并顺利实现旅游产业多元差异样态,本文提出以下建议。

(一)挖掘文化内涵助推旅游产业本土化

解决旅游产业的同质化困境,核心是挖掘旅游目的地的文化内涵,注入文化元素,实现旅游产业全新的文化定位。旅游产业的文化定位并不完全等同于发展文化旅游。文化旅游类型大致可分为两类:一类如非物质文化旅游、历史遗址旅游、博物馆旅游等可直接归属文化的旅游类型;一类如宗教文化旅游、体育文化旅游等归属于文化旅游与其他领域交叉的旅游类型(朱梅、魏向东,2014)。[23]而旅游产业挖掘文化内涵,实现文化新定位是指在任何类型的旅游领域,挖掘出当地的地域文化内涵

与特色或者现代文化意蕴,与旅游产业相结合,使其具有区别于同类旅游目的地的独特的文化内涵以吸引游客。

同样是古镇旅游,绍兴古镇旅游与当地文化名人鲁迅先生相联系,发扬历史文化名人效应。此外,电影《哈利波特》的拍摄取景地苏格兰的格伦希奥高地、杜伦大教堂、牛津大学、伦敦国王十字车站等均由于《哈利波特》系列电影的拍摄而被烙印上了电影文化旅游的印记。同样,新西兰的多个地点也由于《霍比特人》系列电影的拍摄成为新西兰旅游的热门景点。可见,旅游景点加特色文化的组合除了能让该旅游目的地"换上新衣"之外,对不同类型文化的宣传以及旅游产业的可持续发展也能起到助推的作用。

(二)创新设计思维激发"发散式"新思维

"万众创新""人人创新"已成为经济发展动力转换时期的新态势,创新驱动是新时期我国经济发展的主导力量,中国经济发展必须从要素驱动、投资驱动转向创新驱动。在此政策背景之下,旅游产业发展也必须融合创新,不断在原先产业发展的基础之上,发展创意旅游经济,提高旅游产业的附加值。旅游产业要走出同质化的困境,必须努力在创新之路上"破茧而出"。

旅游产品设计激发"发散式"创新思维提高旅游产业的附加值。比如中国台北"国际花卉博览会"(以下简称花博会),除了各种花卉展馆之外还设有展现台湾尖端科技的数位互动展馆——梦想馆。在梦想馆主题为"序曲"的一厅中,观众可依据个人喜好领取内嵌 RFID 标签的手环记录其在展馆内的行为,在旅程的最后根据个人参观行为"召唤"出属于自己的独一无二的花朵。同时,在名为"多样"的主题厅内可以直接看到 3D 影像以与台湾特色植物进行互动。诸如此类的展厅带给游客充满想象力的神奇的感官体验,赋予了原先单调的花卉展览视觉体验全新的方式。此外,开发旅游周边创意产品也是创意经济延伸的一种。北京故宫文化服务中心开设的故宫

084

淘宝店就是故宫周边创意产品的售卖店。故宫淘宝店出售的各类商品创意均来自故宫的建筑、文物、历史故事等,通过赋予其商品独特的故宫文化特色,带给普通商品不普通的创意和文化内涵,创造了故宫淘宝店商品往往一上架就被抢光的火爆现象。

(三)巧用新媒体提升营销策略创意性

"互联网+"的时代,对旅游目的地的宣传方式已经越来越多样化,新媒体营销手段逐渐取代传统媒体已是大势所趋。旅游产业的营销策略必须紧跟时代潮流,传统旅游产业以报刊电视广告宣传为主的营销策略早已起不到吸引游客的作用。随着"三屏合一"(网络、电视、手机)趋势的到来,移动自媒体成为主流媒体,手机微博客户端、微信公众号上每天的实时信息让人眼花缭乱的同时,也不失为一个营销的绝佳平台。微博平台有去哪儿网的签约作者专门通过实地旅游撰写旅游目的地推荐稿,以图文俱佳的长微博获得超高的点击率;微信平台有各大旅游杂志的专栏作家开设公众号每日在后台通过推送旅行图片的方式吸引消费者眼球;以及专业拍摄团队拍摄旅游目的地的真人旅游视频等。除此之外,新媒体 **VR、AR** 虚拟现实技术给人带来的感官刺激体验也为旅游产业的营销提供了一种创意手段。通过 VR(虚拟现实)技术开设旅游体验馆,在体验馆内能够突破时空等其他客观限制,让游客感受到在真实世界中无法亲身经历的体验。将 AR(增强现实)技术植入旅游产业的全过程,如采用移动 AR 技术在旅游景区实现实时定位导航、旅游景点动态解说、旅游纪念品功能丰富化等。"旅游资源

+科技"的旅游产业开发模式在当前拥有广阔的发展前景。

(四)形成多元合力树立品牌效应

创意产业的三位一体性特征强调创意产业集文化创意、科技创新和经济效益于一身,具有高产业价值(张京成、刘光宇,2007)。[24] 从这个三个特征中我们可以发现,通过创意经济的视角解决旅游产业同质化的困境最终目的是为了实现产业的升级转型和可持续发展,以追求长远的经济效益。为了实现这个终极目标,必须借力发展系列产业来实现产业的连带效应,构建自身的品牌价值。

以迪士尼公司为例。自 1929 年迪士尼制片厂制作出米奇老鼠这个动画形象后,迪士尼公司的产业从影视产业涉足服饰产业、餐饮产业至旅游产业,截止 2017 年迪士尼已经在全球开设了 6 个度假区。从 20 世纪 20 年代至今,迪士尼已经走过将近 90 年的历史,但其构建的品牌依然风靡世界,其公司各类产业所创造的效益和影响难以估计。

我国要走出旅游产业同质化的困境,必须摆脱依赖单一旅游资源的开发和单纯依靠旅游目的地门票收入的传统模式,推动旅游业由"景区旅游"向"全域旅游"发展模式转变,促进旅游业全区域、全要素、全产业链发展,构建新型旅游发展格局。由传统旅游的吃、住、行、娱、购的旧旅游产品向商、养、学、闲、情、奇拓展。旅游产业必须开发创新型的旅游产品,通过借力发展战略,创新旅游资源,形成多元合力,打造特色品牌效应。

参考文献

[1] Tinsley R, Lynch P A. Differentiation and tourism destination development: small business success in a close-knit community.[J]. Tourism & Hospitality Research, 2008, 8(8):161 – 177.

[2] Eusébio C, Carneiro M J, Kastenholz E, et al. Who is consuming the countryside? An activity-based segmentation analysis of the domestic rural tourism market in Portugal[J]. Journal of Hospitality & Tourism Manage-

CREATIVE
ECONOMY
AND
MANAGEMENT
VOL.3 NO.1,
2017

085

ment, 2017, 31:197 – 210.

[3] Rasoolimanesh S M, Jaafar M. Sustainable tourism development and residents' perceptions in World Heritage Site destinations[J]. Asia Pacific Journal of Tourism Research, 2016.

[4] 杨勇. 旅游纪念品市场同质化与信誉机制的构建——基于信息经济学的分析和机制设计[J].开发研究, 2006(4): 83 – 86.

[5] 杨丽, 李帮义, 兰卫国. 旅行社产品低质量水平同质化的原因及其对策研究——从旅游需求的角度分析[J]. 旅游论坛, 2009, 2(2):254 – 257.

[6] 李冬芹, 张强. 湖北咸宁市温泉旅游同质化问题及对策研究[J]. 旅游纵览月刊, 2011(9):99 – 101.

[7] 郑健民, 钱文荣, 何礼平. 浙江开化县森林旅游产业发展问题探索[J]. 浙江农林大学学报, 2004, 21(3):333 – 338.

[8] 丁培卫. 近 30 年中国乡村旅游产业发展现状与路径选择[J]. 东岳论丛, 2011,32(7):114 – 118.

[9] 祖群英. 闽台文化旅游产业发展问题研究[J]. 中共福建省委党校学报,2012(4):112 – 118.

[10] 刘奕如, 张宁宁. 霍州市旅游产业发展问题研究[J]. 山西财经大学学报, 2015(s2):68 – 69.

[11] 约翰· 霍金斯. 创意经济:如何点石成金[M]. 上海：上海三联书店, 2006.

[12] 程乾,方琳. 生态位视角下长三角文化旅游创意产业竞争力评价模型构建及实证[J]. 经济地理,2015,(07):183 – 189.

[13] 赵洁. 郑州市文化创意旅游发展研究[J]. 地域研究与开发,2013,32(04):98 – 100.

[14] 陈伟雄, 张华荣. 创意经济:缘起、内涵与分析框架[J]. 经济问题探索, 2013(2):44 – 48.

[15] 厉无畏. 创意产业:转变经济发展方式的策动力[M]. 上海：上海社会科学院出版社, 2008.

[16] 季昆森. 创意与创意经济[M]. 合肥：安徽人民出版社, 2008.

[17] 邹红. 发展创意经济:提升城市竞争力的关键途径[J]. 东吴学术, 2010(3):96 – 101.

[18] 吴晋峰. 旅游吸引物、旅游资源、旅游产品和旅游体验概念辨析[J]. 经济管理,2014(8):126 – 136.

[19] Kaplanidou K, Vogt C. Destination branding: Concept and measurement[EB/OL]. Http:www. Tourism center. msu.edu, 2010 – 06 – 25.

[20] 韩庆华, 卢希悦, 王传荣. 论文化与经济的相互融合——把握文化经济发展的历史新机遇[J]. 山东大学学报(哲学社会科学版), 2010(1):46 – 51.

[21] 吴琼. 文化经济视域下文化资源资本融合的实践路径[J]. 求实, 2014(5):52 – 57.

[22] 叶燕芳. 旅游目的地品牌个性、游客自我概念与游客行为倾向的关系研究[D]. 华南理工大学, 2012

[23] 朱梅, 魏向东. 国内外文化旅游研究比较与展望[J]. 地理科学进展, 2014,33(9):1262 – 1278.

[24] 张京成, 刘光宇. 创意产业的特点及两种存在方式[J]. 北京社会科学, 2007(4):3 – 8.

创意经济与管理
2017 年第 1 卷

086

Research on the Path of Avoiding the Homogeneity Trap of Tourism Industry under the Perspective of Creative Economy

Chen Ye

Abstract: The innovative development of the tourism industry has gradually become the path of the transformation and upgrading of the industry. However, the homogenization of the tourism industry at this stage has become a major problem that hinders the sustainable development of China's tourism industry. On the basis of the three types of homogeneous dilemma, including tourism product design, tourism brand design, tourism marketing strategy and the influential factors of homogenization of tourism industry development under the perspective of creative economy. This paper proposes four selective paths to avoid homogenization of tourism industry: the exploration of cultural connotation to promote the localization of tourism industry, the innovative design thinking to stimulate the "divergent" new thinking, the clever use of new media to enhance the marketing strategy of creativity, the formation of multiple efforts to create a multi-dimensional establishment of a brand effect, through these paths to accelerate the diversified development pattern of tourism industry.

Key Words: Creative economy; Tourism industry; Homogeneity

CREATIVE
ECONOMY
AND
MANAGEMENT
VOL.3 NO.1,
2017

087

基于全渠道模式下的生鲜农产品运营策略分析*

孟继志　　王兴凡　　彭连贵

摘要： 近年来,电子商务的日益发展,加快了我国现代服务业的转型升级,未来消费模式个性化和小众化的特点将日益明显。在生鲜农产品的营销领域,和生鲜电商相比,全渠道供应链似乎更加适用于中国国情。在"互联网＋"的大背景下,全渠道的经营理念和模式,也成为长尾市场巨大的消费增长潜力。建立一套相对稳定并行之有效的运营机制,能够促进销售商、快递公司以及消费者等多方共赢,并使顾客无论何时都能够享受无边界的、无缝化的购物体验。讨论一种新型营销模式——全渠道供应链运营,并以国内销售网站——菜包包网站为例,从生鲜农产品发展面临的瓶颈入手,逐步分析探讨这种模式,并提出合理化建议。

关键词： 全渠道供应链;生鲜农产品;运作模式

0 引言

生鲜农产品经销商现有的营销模式已经不能满足社区居民日益增长的农产品各项需求,生鲜农产品的运营机制也已成为各大电商巨头争夺的热点领域。全渠道模式拥有很大的市场,其前景是值得期待的。但想要做好生鲜农产品全渠道供应需要考虑并平衡配送、价格、库存、分销以及物流等重要模块。其供应链的运营机制需要有一个较为完善的方案。

和生鲜电商相比较,全渠道供应链更加适应中国国情。长远来说,线上和线下将成为一个新的整体,线下不

会完全被替代,特别在本地化经营方面。全渠道供应在生鲜领域可能比电商有更好的发展前景。而作为一个在未来有巨大发展前景的热点领域,更加需要一套完善适用的方案。解决生鲜产品供应链运营机制的问题,不仅能创造时间价值,降低成本损耗,还可以提高客户满意度,提升客户体验。

建立一套行之有效的运营机制,能够促进消费者、销售商、快递公司以及政策执行者等多方共赢。

"互联网＋农业"已经成为一种革命性的产业模式。在互联网的全面推动中,最为传统的农业也将焕发出强大的生命力。而在这样的大环境之下,着力于从多视角研究一种具有针对性的策略和方式,无论是对广大的农

基金项目：上海工程技术大学大学生重点科研平台创新训练项目（cz1603001）,上海高校青年教师培养资助计划（ZZGCD15014）,上海工程技术大学博士启动基金项目（校启2015）。

孟继志,男,汉,湖南人,研究生;研究方向:企业战略管理。
王兴凡,男,汉,安徽人,上海工程技术大学研究生;研究方向:供应链管理和运营管理。
彭连贵,男,汉,河南人,上海工程技术大学研究生;研究方向:数据挖掘和商务智能。

业创业者、投资者,还是农产品经营销售来说,都是十分重要的。同时,更为专业的供应链模式也将为"互联网＋农业"注入强劲的生命力。

1　全渠道概述

全渠道零售,就是企业采取实体渠道、移动电子商务渠道和电子商务渠道整合的方式销售商品或服务,以满足消费者购物、娱乐等集成体验的需求。在多渠道和跨渠道出现之后,人们希望更多的渠道相互融合进而产生了全渠道模式(图 1)。它始于对顾客的需求和消费者行为的分析,然后设计品牌营销,为更好的融入客户生活习惯和生活方式中而努力,并且选择适当的技术,有效的向

客户转移高满意度的购物体验。

它的特征就是零售巨头沃尔玛 CEO Mike Duke 所提出"SoLoMoMe",即 SO(社交化)＋LO(本地化)＋MO(移动化)＋PE(个性化)。从经销商角度来讲,"全渠道"就是利用信息技术实现渠道一体化,以顾客为核心,从线上、线下、移动平台全方位多角度带给顾客的品牌、服务、价值都是相同的。而从顾客角度就是无论何时都能够享受无边界的、无缝化的购物体验。

2011 年,"全渠道"(也可将其译为"泛渠道")一词在美国媒体首次出现,2012 年出现频率大大增加,代表了营销和零售巨大变革,美国的梅西百货和中国的银泰网等诸多的零售企业开始了"全渠道零售"战略的变革。

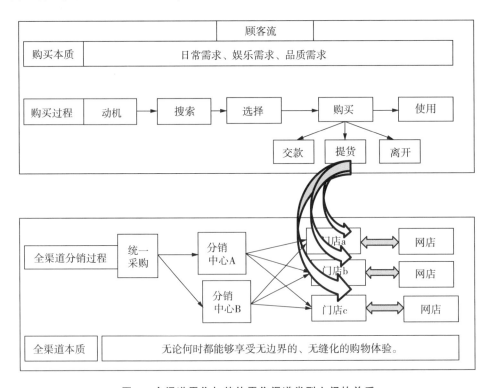

图 1　全渠道零售与其他零售渠道类型之间的关系

CREATIVE
ECONOMY
AND
MANAGEMENT
VOL.3 NO.1,
2017

089

法国管理软件公司的总经理施易德仕认为,几乎所有的零售渠道是多通道直接通向单通道(单声道),交叉通道(通道),最后到演化全渠道的结果。四个阶段,分别对应的"砖头"阶段(单渠道阶段),"鼠标＋水泥"阶段(多

渠道阶段),"砖头＋鼠标＋移动网络"阶段(跨渠道阶段),("鼠标＋砖头＋移动"阶段(全渠道阶段),详见图2。[1]下文中将以"以全方位的客户体验需求为目标"为全渠道划分标准来阐述相应的营销策略。

图 2 全渠道零售发展历程

2 生鲜农产品全渠道营销的瓶颈

2.1 独立的线下供应链存在的问题

传统的生鲜农产品供应链运营,主要以批发、零售市场和农产品加工企业为中心建立和运作的。由农民延伸到客户链条的中途企业数量过多,导致以下问题:

2.1.1 产品安全隐患

由于没有形成完整的生鲜产品检验检测和质量安全体系,为生鲜产品的安全埋下隐患。技术和设备的落后,以至于供应链一体化建设存在一定的问题。而传统的农产品企业在供应链中,很难建立通用、标准的质量安全设施、物流设备和操作规范,因此产品安全存在隐患。

2.1.2 昂贵的分销成本

物流成本过高,非扁平化的运作模式不利于企业之间的合作,无法达到整体供应链的最佳效率。因此,传统的农产品供应链效率不高,市场冲击过大,供应链稳定性较差,每个模块的协调能力低下,所以才导致成本上升,影响最终农产品的售价。

2.1.3 信息化水平低

传统的农产品供应链信息共享和信息传播程度太低。主要是因为在我国农业生产、批发、零售、运输和营销等环节以生产者和小企业贸易商为主体,他们信息匮乏,缺乏对信息技术发展的重视。而且农产品生产者、个体企业和农产品加工企业之间缺乏必要的沟通与合作渠道,缺乏信息交流,因此对供应链整体运作产生影响。

2.1.4 批发市场的流通效率低下

以农产品批发市场为主要渠道的生鲜农产品,保证了农产品在城市地区的供应,对解决"难卖"问题起着重要的作用。但是在我国,农产品批发市场缺乏整体规划,大部分地处市区,严重受制于交通条件;而且许多早年建立的批发市场,没有后续的物流设施建设,设备和技术落后,导致农产品耗损严重。这些问题都对生鲜农产品的流通产生了严重的影响。

2.1.5 生产与营销的整合不紧密

在传统的供应链中,个体农民不完全参与供应链中的活动,他们与经销企业在对话博弈中话语权不足,在农产品供应中,始终处于被动地位,使得农民承担的风险更

090

大,农户的利益易受到侵犯。而且由于农业生产和市场需求的信息严重不对称,使农民的生产存在盲目性[2]。

2.2 线上生鲜产品面临的挑战

2.2.1 线上生鲜产品运营模式分析

① 商业平台模式

日常接触最多的就是类似淘宝、天猫、京东这类的网络交易平台。平台上往往有很多的店家相互竞争,影响产品的健康发展。前端的平台,也就是我们平时看到的网上交易的界面,而后端平台则是新的物流系统,例如,阿里巴巴后端的菜鸟物流系统等。互联网、智能物流的发展推动了商品更快,更远的流动。这就为生鲜产品线上销售线下配送提供了条件,助推商业平台模式的发展。

② "田间直达餐桌"模式

这种模式类似于 B2C,整个运营过程将进行独立操作,包括采购、储存、配送、营销和售后过程。以京东为例,京东冷链面向生鲜客户推出仓配冷链、产地直发、生鲜宅配等服务,通过对供应链各个环节的优化,定制化的温控设备保障生鲜类产品的物流时效和商品品质。京东已建成冷链仓超过 10 个,全国超过 3300 个配送站支持生鲜配送。不仅如此,已建成生鲜绿色通道,各环节优先操作,航空资源优先调配,提供最后一公里优先配送服务。可以说,京东已经实现商业模式"田间直达餐桌"式的发展。

③ 本地化＋O2O 模式

这种制度,事实上是 B2B、B2C 商业定位的相互结合,通过本地化运营将 O2O 整合加入出现的新型模式。不仅在中国,甚至在国外的一些大型超市都在尝试这种结合了新鲜农产品的特点的新型模式。

2.2.2 独立的线上生鲜农产品运营现存的问题

① 货源不稳定,质量监控困难

在生鲜电商发展的初始阶段,生鲜农产品电商面临很多问题:首先,企业小,销售量低,不能直接和几个农业园完成对接;其次,在多个农场小批量的采购使得物流采购成本增加。这些问题使得生鲜电商的货源不稳定,产品的质量也难以监控。

② 网络与实体信息不对称

在传统社区农贸市场,顾客可以根据现场实物挑选符合自己要求的农产品。而在网上购买蔬菜水果时,消费者看到的只是网上的图片,并不知道农产品的实际质量,致使买卖双方对产品信息了解存在偏差。信息的不对称易造成实际生鲜品与消费者心理预期不符,产生心理落差,使消费者对产品不再有那么高的期望值,从而使生鲜产品的销量降低,市场占有率下降。

③ 当地农贸菜市场的威胁

传统的买菜群体集中在中老年人,他们时间比较充裕,再加上大多数中老年人不会使用电脑,所以比较倾向于社区的农贸市场,而这一庞大群体是很难改变其原有的购物方式和消费习惯,这无疑给独立线上生鲜农产品运营带来了潜在的竞争威胁。

3 生鲜农产品全渠道营销案例分析——菜包包网站

案例主要是在全渠道零售的条件下选取客户体验程度较好的,其中较为典型的 O2O 营销模式进行分析。比较经典的 O2O 有两种形式:第一种,就是运用实时的大型连锁超市,如山姆网购,推出自己的网络移动终端,在线网络选购并下订单,然后在商店取货即可;另一种是取货方式多样化,客户可以在线购买商品,商家提供定点自取或者送货上门的服务。

这种采用线上订菜和社区门店提货相结合的 O2O 运营模式比较受顾客欢迎,具有较强的未来发展空间。譬如嘉兴的菜包包经营网站,对嘉兴市区三环以内的消费者可以直接送货上门或者自行到特定的取货位置取货。菜包包的固定取货点的选择都是着重在合适的社区

CREATIVE
ECONOMY
AND
MANAGEMENT
VOL.3 NO.1,
2017

091

门店或者固定货仓设立,这一片地区内的客户都可以到这个固定位置取货。固定地点的设立不仅可以节省一部分配送的花销,也能在固定地点设立专门的保鲜装置,以保持产品新鲜度。消费者只要在线选购下单完成支付,就可以在线下自由选择取货时间,并且生鲜农产品存放在有专业保鲜设备的固定提货点中,不用担心生鲜产品拿到手时不够新鲜。

现今在线生鲜农产品电商的普及率不到30%,纵观未来仍然有许多发展空间,这种将线上线下相联合的O2O运营模式对消费者来说也有更多的益处。消费者可以通过线上选购下单,在线下选择自己合适的时间去取货,取货时间相对传统的采购方式更加灵活。并且货物会统一存放在装备了冷冻保鲜功能的储藏柜中,减少了配送过程中生鲜农产品的损废率,也大大保证了顾客拿到手后产品的新鲜度。

目前生鲜农产品全渠道营销的开发仍然有足够的空间,只不过需要针对不同种类的产品选择不同的运营方法。专业化、多角度的思索,更有助于顺应快速发展的社会需求。因宏观背景不同,在我国生鲜农产品运营体系中,我们不能照搬照抄国外经典案例总结的经验并直接运用,只能取长补短,找到适合我国生鲜农产品的运营模型。

4 供应链物流决策模型

4.1 生鲜农产品配送方式决策的影响因素分析

目前生鲜农产品主要采取自营配送、第三方配送、共同配送等方式。选取的方式取决于诸多因素的影响,既有企业本身的因素也有外部因素,我们需要进行深入的分析,要考虑到企业的规模、用户需求和冷链物流未来发展趋势这些因素来设计出适当的方案。从宏观和微观经济的角度来讲,影响因素主要包括配送成本、配送服务水平、运输状况,企业状况等;从微观角度亦是。

因此,生鲜农产品配送的解决方案必须考虑到上述因素,在决策过程中,结合各种因素的影响,按照实际情况,选择一个合理的生鲜农产品配送方案。

4.2 基于AHP层次分析法下的生鲜农产品配送方式决策构造和实现(图3)

根据决策要求,制定生鲜农产品配送方式的决策流程:

① 基于生鲜农产品配送方式决策因素,层次分析法建立生鲜农产品配送方式决策的层次结构模型。

② 根据各种因素的情况,构造层次结构准则层。

③ 根据相关成对比较矩阵,计算底层各生鲜农产品配送方式决策影响要素对配送方式的影响权重。

④ 一致性检验。

⑤ 结合各生鲜农产品配送方式决策影响要素的权重,计算决策层配送方式的权重。

⑥ 作出决策,选择合适的生鲜农产品配送方式。

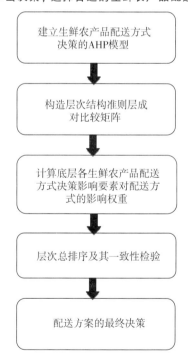

图3 基于层次分析法下的生鲜农产品配送
方式决策流程

092

4.2.1 建立生鲜农产品配送方式决策的层次结构模型

  基于生鲜农产品主要配送方式、生鲜农产品配送方式决策因素、AHP 方法建立生鲜农产品配送方式决策的层次结构模型.

4.2.2 构造成对比较矩阵

  生鲜农产品配送方式决策的层次结构模型建立后,也就确定了各个决策因素的关系,可通过成对比较矩阵的方法确定各因素的权重。不是把所有因素放在一起比较,而是两两相互比较,并且在比较时采用相对尺度,皆可用表函数表示(表 1)。

表 1　最佳配送决策简化表[3]

一级指标	权重	二级指标	权重
配送成本	0.0809	加工费用	0.0065
		货物周转费	0.0080
		分拣费用	0.0283
		装卸费用	0.0143
		配送费用	0.0064
		设备折旧费	0.0148
		包装费用	0.0026
运输状况	0.2564	车辆使用费	0.1156
		配送及时性	0.0270
		配送准确性	0.0145
		配送损失费	0.0090
		配送灵活性	0.0551
		配送满载率	0.0275
		配送安全性	0.0076
配送服务水平	0.2133	客户满意性	0.0158
		配送人员满意性	0.0835
		客户问题处理	0.0183
		配送人员素质	0.0582
		用户需求信息	0.0374

续表

一级指标	权重	二级指标	权重
企业状况	0.4494	企业资金投入	0.0160
		企业信息化水平	0.0684
		人员配置状况	0.2234
		企业流动资金	0.0919
		企业声誉状况	0.0497

5　供应链模式优化与改进意见

5.1　一致价格

  目前,大多数企业都没有一个统一的线上线下价格,而有些企业,如苏宁已经开始实施线上线下价格统一[4]。生鲜农产品亦是,如果价格可以一致,价格不受渠道因素影响[5],则消费者可以自由地根据自己的情况和喜好选择消费方式。而现在大多数企业产品的网店价格低于实体商店,这已经造成了很多商店虽然客流量很大,但销售量不多的现象,造成商店消费者大量流失,生存环境日益恶劣等问题,若价格一致就会减少这类问题的发生[6]。

5.2　管理统一

  各种渠道之间的冲突的有效解决方式是渠道合作[7]。例如,线下的店仅仅起到体验的作用,消费者在网络渠道上下购买订单,收益按一定的比例分配,这样既可以满足消费者的需求,也可以减少渠道之间的冲突。或者通过渠道之间的串货,即某一渠道货物短缺时,由其他渠道满足消费者需求,利润可以通过协商进行分配。具体的合作形式多种多样,需要企业根据实际探索和使用。

5.3　建立稳定供应链

  O2O 模式的新模型,也可以使用传统的"生产基地+一线零售商"模式[8]。电子商务平台可以和一些好的生鲜农产品基地进行长期合作,并参与农业生产基地的生

CREATIVE
ECONOMY
AND
MANAGEMENT
VOL.3 NO.1,
2017

093

产全过程,对各个基地提供的生鲜农产品进行质量检测,以保证顾客得到优质的生鲜农产品。再利用系统结合客户选择,对生鲜农产品进行分类,使客户针对产品情况更加清晰,企业面向客户的订单也更加方便,降低发错货的概率。要想对生鲜农产品建立稳定的供应链就要省略中间冗余的环节,将产品直接从基地送达顾客手中,从而保证产品的新鲜度

5.4 优化生鲜农产品冷链物流技术与设备

对于我国生鲜农产品的电子商务来说,生鲜农产品发展受阻的主要原因是冷链物流和仓储设备技术上的落后。克服冷链物流造成的障碍主要有几个方面:第一,基于O2O生鲜农产品全渠道供应链,要重视生鲜农产品的冷链物流基础设施的建设,着重发展基础设施,并且进行技术上的支持。第二,为第三方冷链物流企业的建设提供支持,加快生鲜农产品冷链物流链的整体建设。在多年的冷链探索中,有些传统的物流企业已经积累了很多经验,发展的相当不错。不断的改进和探索,以保持生鲜农产品的健康,新鲜,方便,价廉等产品特性,才能使社区生鲜农产品以更便捷的方式走进千家万户。

参考文献

[1] Burdin T .Omni-channel retailing: the brick , click and mobile revolution.2013(3):105－108.

[2] 汤晓丹.电子商务企业为核心的生鲜农产品供应链运作模式变革研究[J].物流科技.2016(2)：120－122.

[3] 高喜涛，张文峰，吴卓葵.生鲜农产品配送方式的决策模型[J].仲恺农业工程学院学报.2015,(3)：51－56.

[4] 张卫.全渠道,实体商超的出路[J].中国食品.2016(8)：18－29.

[5] 大趋势——全渠道下沉[J].上海商业.2016(11)：21.

[6] 郭志龙.全渠道建设——传统企业突破营销困境之路[J].中国市场.2016(5)：46，50.

[7] 程姿.基于O2O模式的生鲜农产品电子商务发展研究——以京东商城为例[J].商洛学院学报.2016(1)：101.

[8] 张应语,张梦佳,王强,任莹,马阳光,马爽,邵伟,尹世久,石忠国.基于感知收益—感知风险框架的O2O模式下生鲜农产品购买意愿研究[J].中国软科学.2015(6)：128－138.

Analysis on the Operation Strategy of Fresh Agricultural Products Based on the Whole Channel Mode

Meng Jizhi， Wang Xingfan， Peng Liangui

Abstract：In recent years， the growing development of e-commerce rapidly speeds up the transformation and upgrading of China's modern service industry. The future consumption patterns of personalized and small features will become increasingly evident. In the marketing field of fresh agricultural products， the whole channel supply chain seems to be more applicable to China's national conditions comparing with fresh electricity business. Under the background of "The Internet +"， the business philosophy and model of full channel have also

094

become the huge consumption growth potential of the long tail market. The establishment of a relatively stable and effective operation mechanism can promote mutual understanding and win-win situation between the sellers, courier companies, as well as consumers, so that customers can enjoy boundless, seamless shopping experience at any time. A new marketing model was discussed—— full channel supply chain operation, and will take the domestic sales site "Vegetable bags" as an example, from the bottleneck faced by the development of fresh agricultural products to gradually analyze and discuss this model, as well as put forward rationalization proposals at the end of the paper.

Key Words: Omni-channel Supply Chain; fresh agricultural products; operation method

[创意故事]

CREATIVE
ECONOMY
AND
MANAGEMENT
VOL.3 NO.1,
2017

095

创意文化助南翔智地改天地　创新经济促千年古镇换新颜

——访上海南翔智地、上海南翔创业投资有限公司总经理　郭耀华

南翔智地位于上海市嘉定区南翔镇，是国家级文化产业园，前身则是国企的旧厂房，建筑面积6.2万平方米，调整后以总部、研发类产业为主要招商对象。南翔智地企业总部园位于沪宜公路1188号沿线两侧，与双塔历史风貌区相邻。南翔智地国家级文化产业园项目共分三期开发，其中一、二期将在原来上海机床电器厂、上海东风制药厂、上海申兴制药厂和上海永红煤矿机械厂的基础上进行改建，不仅保留了原有厂房外立面风格，还对内部空间进行了一系列梳理和优化，并配套了齐全的内部设施，使其空间感更强，光线更明亮，功能性更完善。首期商务楼宇，形成了以生产性服务业及企业总部集聚为特色的楼宇经济，并与启动的大型居住社区建设形成功能互动。如现已推出的一期由38栋花园式办公楼宇组成，定位于以文化创意及多媒体影视为先导的生产性服务功能区，主要面向企业总部、文化创意、多媒体、动漫、会展博览、信息服务、新能源科技、电子商务等行业。园区占地1.1平方公里，是创新创业者理想的创业孵化摇篮。

南翔智地企业总部园是本市首批上海生产性服务业功能区、上海市品牌建设优秀园区、上海市知识产权示范园区、上海市文化产业园区、上海市企业总部基地、上海市民营经济总部集聚区、嘉定区现代服务业示范企业、嘉定区现代服务业重点发展扶持项目。迄今为止南翔智地园区已新注册企业1500家，注册资本50多亿元，集聚上千家企业，引进楼宇项目60家，有文化信息企业350家、股权投资类企业6家，完成合同外资1200多万美元。拥有两个市级科技企业孵化器，同时还获评国家级文化产业示范基地，构建了科技50创业银行、科技50创客学院，潜心致力打造上海创客中心，撬动了社会资本数十亿元落户南翔、服务嘉定。

一、运筹帷幄奏创意文化美妙乐章，决战商场谱南翔智地崭新篇章

上海南翔智地企业投资管理有限公司、上海南翔创业投资有限公司领衔者、总经理郭耀华，具有强烈的创新意识和拼搏精神。他2008年出任南翔智地、南翔创投总经理后，用他那温文儒雅、举手投足间充满文化人的细腻和优雅的仪态，在南翔千年古镇这一方乐土上，带领团队筑巢引凤，推动文化创意产业集聚，探索创新、创业服务模式，演奏出了创意文化改天地美妙乐章，谱写出了南翔智地创新经济换新貌的崭新篇章。

在上海市嘉定南翔地区，很多本地人对昔日的上海机床电器厂仍记忆犹新，这家厂曾经的兴盛是社会主义大工业化时代的象征。而现如今，曾经的老厂房变成一个文化产业集聚区——南翔智地企业总部园，成为了中小型民营企业创业的热土。作为区域内产业转型的重点打造对象，园区形成了以文化以及多媒体影视为先导的生产性服务业功能园区，主要面向文化创意、信息服务、科技研发、教育培训等主要产业。

三十多年来，中国经济的高速发展为文化创意产业

奠定了前所未有的物质基础,特别是国家"十二五"规划已将文化产业定义为中国除了金融以外的第二大支柱性产业,从而为文化创意产业奠定了发展的政策基础。在上海南翔智地企业投资管理有限公司总经理郭耀华眼里,这个时代是中国文化创意产业前所未有的"黄金时代"。

郭耀华总经理向记者描述了南翔智地的总体风貌:园区总规划面积 1.1 平方公里,其中可开发利用的厂房资源为 12 万平方米。主体前身是四家大型国有企业旧厂房,园区建设分三期规划,目前一期规划 6.2 万平方米老厂房已改造开发完毕,整体出租率达到 90% 以上。"其实类似将老厂房改造成现代园区的案例在上海并不少见,但是我们的园区可以说是比较特别的"。特别在哪里?据了解,嘉定区政府为园区建设提供了不少专项政策保障。郭耀华欣慰地说:"因为有政府的全力扶持,我们没有为钱而发愁,没有满脑子是钱,钱并不能急着赚。和很多园区不同的是,园区产业在我们这里拥有了足够的发展和培育空间。"郭耀华坦言,目前中国的文化创意产业在国际层面上来说,发展还是比较薄弱的;而园区希望能承担起文化创意产业培育和发展的责任,希望给入驻的文化创意企业提供更多的帮助,给予他们更大的发展空间。"很多成功的文化企业需要时间去培育,不能急功近利,有的可能甚至一年两年都出不了成绩。"除此之外,园区还致力打造新材料科技企业的孵化器,促进科技成果转化、培养高新技术企业和具有创新创意企业家。在郭耀华看来,南翔智地产业园的发展潜力巨大。

郭耀华上任后把自己对创意文化的深刻感悟,融会贯通到了对文化创意与科技创新交融碰撞中,实践到了对文化创意与经济唇齿相依的紧密结合上。他在南翔智地这个大平台的运营中,使创意文化与创新科技深度融合,运筹帷幄中,使南翔智地异军突起,助千年古镇产业集聚,变化惊人。

郭耀华说:"文化无国界,也最容易被人们所接受,许多项目可以通过创意文化扩大他的影响力和号召力。"他认为:南翔古镇悠久的文化和现代文明必将能通过当今创意文化碰撞出创新的火花;关键是要打好"文化"这张牌。于是在建园之初,南翔智地在郭耀华领衔下,投入了大量人力、物力,完成了全长 400 米的横沥河景观改造和占地 5 亩的公共休闲绿地改造等"七通一平"工程,使园区的整体形象和面貌有了较大程度的美化和改观。根据规划设计要求,在反复细致的规划和研究的基础上,以"画龙点睛""局部处理"的方式对园区内几幢老厂房进行了必要的清理和整修,初步树立起了办公样板示范区。在郭耀华看来,创意文化是助推创新科技产业的引擎,他所做的这份事业也是在表达自己对于创意文化的理解。南翔智地每一个项目的本身就是一个依托,一个载体,凭借着这个载体,他希望能够最大限度地把自己的理想、创意体现出来。

早在 2009 年,南翔智地就获得了"上海市生产性服务业功能区"的认证。创意产业类作为生产性服务业中的一项内容,是当今社会发展真正的增长点,也是园区未来发展的方向。南翔智地在开园之初,按照郭耀华"精规划、准定位、树品牌、稳招商"的原则,确立了以文化影视及多媒体为先导的生产性服务业功能区定位。通过投放户外媒体广告、制作视频短片、印制简报、举办投资说明会等形式,全方位、多角度地宣传和推介南翔智地品牌;召开有一定影响力的推介会,通过上海市创意产业宣传平台,把南翔智地推介给客户,让市中心商务楼宇中和科技产业园的企业了解并走进智地。通过一系列的推介活动,南翔智地创业园在创建之初,就有神州通信、东上海文化影视、西班牙文化艺术中心、上采国际建筑设计集团、意大利珂美纺织面料公司等为代表的一大批现代服务业领军企业慕名而来,很快入驻园区,南翔智地也因此初步奠定了文化信息、企业总部、创意设计、多媒体影视、

CREATIVE
ECONOMY
AND
MANAGEMENT
VOL.3 NO.1,
2017

097

教育培训五个方面的产业为发展方向。

郭耀华有一个爱好，也可以说是一种职业习惯，他走到哪里他都随身带着照相机，把看到的有特色、有亮点的建筑用镜头记录下来。刚来到南翔智地的时候，郭耀华总是喜欢带着相机在园区里到处走走看看，他感到这28幢老厂房是历史留给南翔智地的瑰宝，也是园区悠久历史文化的体现，所以这些老厂房统统都被郭耀华摄入镜头，并逐一对外展示。每当一幢厂房被自己亲手孕育新貌租出去时，郭耀华都会全力协助它的新主人入驻和改造，按照一栋一景的要求，结合园区整体规划和企业自身想法，改造出有创意的、有特色的建筑。如园区会展中心（大礼堂）的改造，打造为：底楼做展示，二楼做新闻发布、文艺演出、公关活动或者会务会展，使之成为园区的公共服务平台，为园区其他企业提供文化活动方面的服务。在二期开发建设中，东亚影视文化广场和余积勇雕塑展馆也早已落地。经过改造后的园区二期既是一处产业，也是南翔一处新的文化旅游景点，供游人参观、休闲。

郭耀华说："既然是园区，就需要有凝聚力，它既不是一个松散的办公区域，也不仅仅是租赁关系，而应该营造一个互联、互动、互助、互信的园区大家庭氛围。我们力所能及的就是把园区的形态做得漂亮，一方面功能定位和功能配备要完备，另一方面要为企业搭建平台，使整个园区具有规模效应和辐射效应。"

二、创意设擂筑巢引凤使产业集聚，创新服务丝丝入扣结累累硕果

郭耀华领衔的南翔智地自2008年起把老厂房改造成创业产业园区以来，南翔智地已吸引智能硬件、文化创意、设计研发等领域的1500多家企业入驻。他们关注的领域颇为前沿，创业团队的国际化程度很高，这与以往大多数人心中对郊区产业园的传统看法有着巨大反差。

2015年4月，上海市委书记韩正一行来到嘉定调研，造访南翔智地创客中心，对这里的南翔智地项目给予了充分肯定，他说："上海对大型企业的服务相对完善，但对中小微企业的全方位服务还很不够，你们为草根创业者提供一揽子服务，这种探索很好！"2016年7月，上海市长杨雄赴嘉定调研时，也前往南翔智地察看创业企业，他在与区委、区政府负责同志座谈时指出，要坚持市场导向、问题导向，着力转变政府职能，改善区域营商环境，为企业搭建符合创新、创业产业链，价值链规律的公共服务体系；要紧紧围绕科创中心建设国家战略，立足创新创业企业及人才的需求，加快建设优质的工作、生活和生态环境。

南翔智地能在市郊异军突起的关键在于管理团队具有筑巢引凤文化创意的大智慧，千年古镇声名鹊起背后凝聚着运营团队创新服务、换位思考的创业大思路。南翔智地的管理、运营团队远比一般园区的工作人员繁忙，他们要承担同类园区所没有的工作。按照常规，普通创业者几乎不会直接到郊区去创业。郭耀华也曾为此焦虑过："如何吸引优秀创业者是最大的难题。靠点对点找企业、拉企业？那样效率太低。"为吸引普通创业者到郊区来创业，从2013年起，郭耀华领衔的南翔智地团队举办的科技50创业大赛，走进了创业者的视野。谓之"科技50"，既是科技"武林大会"的谐音，希望通过每次科技50创业大赛，能够筛选出50个优秀项目，也表露出了南翔智地心中的目标。想不到此举一炮打响，头一届大赛就吸引了数百个文化创意项目前来参赛，许多高知识阶层创业者纷至沓来。令人惊讶的是，很多有海外背景的团队、甚至外籍团队也接踵而来。大赛的获奖者将荣获南翔创投基金资助，并落户园区。南翔智地通过首次大赛就把园区的定位提升了一个高度，打开了视野，筛出了一批优秀创业企业。如园区内专业从事AR（增强现实）开发和应用的Realmax公司（专注全细胞生物传感器研发），以及上海合森生物科技有限公司等企业，基本都来

自"科技 50"大赛的筛选。

南翔智地举办创业大赛不只是图个热闹,而是要从中强化园区服务功能,以贴心服务引来优质的创业团队,以全方位服务吸引投资人目光。南翔智地在运作过程中借鉴美国春秋两季的路演形式,"科技 50"大赛一年举办两次。半年时间正好能走完报名、筛选到创投完成、尽职调查、投资的全过程。当创业团队纷至沓来、解决了从无到有的问题后,园区开始思考自身的定位和产业聚焦方向。南翔智地最初是作为生产性服务业功能区,提出文化创意、科技创新这两大方向的。大赛举办后,他们决定将科技领域的发展方向进一步细分,聚焦智能硬件、生物医疗、高端装备等领域。行业的聚焦,提升了园区的集聚效应。2014 年 10 月,全国首个智能硬件产业基地在南翔揭牌。如今,大赛已举办七届,也逐渐成为一个社会公共服务平台,形成了"孵化器+加速器+科技 50 创业大赛+亿元创投资本"的服务模式。南翔智地在运作过程中把服务放在了非常重要位置。

(一)你有所需我有所动

南翔智地把大赛作为进入产业园入口,也是服务的起点。南翔智地运营团队在项目运作过程中,坚持的第一个原则是因需而动。所谓因需而动,就是要不断发现需求,满足需求,并且用市场化的手段判断和甄别"伪需求"。比如,美国针对大量个人服务者的情况,采用开放式工位的众创空间模式,但这并不适合中国的众创空间需求。又如,很多众创空间为创业者提供法务、会计服务,实际上创业之初企业基本用不到,是十分低频的需求。那么,创业者需要什么?南翔智地运营团队经过深入分析,梳理出创业者四大块需求:一是技术,是企业发展第一内驱力,是产品的核心;二是人才,要有志同道合的团队;三是金融需求,企业需要借助金融快速发展;四是市场和营销,创业者渴望得到市场的关注。找到了需求,园区有针对性地提供服务。对技术和人才,园区一方面加快基地建设,推进大大小小的公共平台建设,设置了创新型实验室及共性技术平台集群,包含 GMP 厂房和第三方检测的上海精准医学产业园、智能硬件产业基地,还有专业影视设备齐全的青年电影梦想城,通过公共平台降低技术创新的门槛。另一方面,园区聚焦重点产业打造产业链,打通前后端、上下游,努力在园区形成集聚效应,让创业企业形成相互服务的关系。

值得一提的是,南翔智地根据入驻公司急需,推出了科技 50 创业银行,为小微企业提供有针对性的服务。由于创业企业在初创期,拿不出抵押或担保,于是南翔智地园区和创投机构主动站出来承担风险,推出投联贷等创新业务既让银行找到了开展业务的着力点,也让创业者拿到了低成本资金。通过基地+基金+大赛,南翔智地构建了创新创业生态体系。

对科技中小型企业而言,创办之初,巨大的研发资金投入使得它们对资金需求比一般企业更为强烈。可是,由于先天"轻资产"的特点,决定了这些企业在融资方面毫无优势可言。对它们来说,由于没有大型设备、厂房等固定抵押物,"压箱底"的只有技术和信用。而这在金融领域的传统信用评级标准面前,属于相对偏低等级,信贷资金往往不愿意投向于此。南翔智地与中国建行上海分行经过商议,各向前迈一步。"创业银行的推出,得益于双方彼此的信任。"郭耀华介绍,早在 2012 年,中国建行上海嘉定支行就为园区中小企业提供"信用贷"集群贷款,共为 30 多家小微企业提供了 3000 多万元贷款,单个企业最高可获贷 200 万元。几年实践下来,所有企业都无不良信贷记录。在中国建行上海分行看来,为科技型企业开通"创业银行"贷款项目,是理性地迎难而上。过去,银行习惯用固定资产抵押方式做信贷业务,做到心中不慌。如今,建行上海分行与南翔智地园区紧密沟通合作,通过专业化团队和标准化流程,对"信用贷"需求企业的了解更加充分。这些企业都是从园区科技创业大赛中

CREATIVE
ECONOMY
AND
MANAGEMENT
VOL.3 NO.1,
2017

099

脱颖而出,而且经过园区的筛选,具备成长潜力和爆发力。

期间,南翔智地为入驻公司首期贷款总资产达 1 亿元,园区作为风险补偿金,与银行以 1∶9 的配比支出。目前,"创业银行"已为园区内 6 家科技型企业提供 3000 多万元贷款,单个企业最高获 1000 万元信贷。目前,在与建行上海分行合作的基础上,南翔智地将扩大"创业银行"试点,目前正与杭州银行、民生村镇银行等洽谈合作,有望推出"租金贷"、"百万贷"等业务,让更多的科技小微企业受益。

(二)为你所想为你所动

对雨后春笋般涌现的"四新"企业,政府部门和园区如果继续用传统的、工业制造时代的体制机制应对,就有很多不适应,甚至阻碍企业的发展。南翔智地总经理郭耀华提出了:"我们不但要因需而动,还要积极主动,为你所想为你所动。要打破条条框框,要区分哪些是红线,哪些是虚线。特别是在业务创新领域,要找到突破口。"比如,大赛筛选出来的好项目,风投直接就投了,但还有一些项目是初创期,风投"看不准",要再等半年。谁来支持这些嗷嗷待哺的新苗?对此南翔镇下大决心,拿出 1 亿元成立南翔创投基金,先行投入。对政府而言,作出这样的决定并不容易。如今,南翔创投已扩大到 2 亿元。又如,科技 50 创业银行一些受欢迎的金融产品,同样是园区和基金主动承担风险,才形成了企业、园区、银行三者共赢关系。实际上,创业者关注的不只是创业,还有生活。小到每天到园区停车,大到住在哪儿,有没有运动场所,都是创业者的真实需求。对此,南翔智地竭力去解决。老厂房改建的园区,车位先天不足,南翔智地园区没有靠涨价和收费来抑制需求,而是找到有关部门,推动建设立体停车库。

南翔智地的目标很明确:"做服务要有工匠精神,甚至要钻牛角尖,不钻进去,做不好服务。"

为了解决创业者的住宿问题,园区过去是从居民区收购房屋,提供给创业者。但年轻团队更希望扎堆居住。园区决定为创业者建公寓,并花费近一年时间,研究白领公寓如何与办公结合,反复向创业者进行调查,摸清他们的需求。

郭耀华坦言,为了建公寓,园区也曾思想斗争了很长时间,要不要那么辛苦去做;因为用一些简单的办法也能解决住宿问题。但园区看到,住宿问题背后是人的问题:要让创业者在南翔踏实创业,就要真正解决他们的需求。生活配套解决了,优秀的创业团队开始频频出现在南翔。为啥越来越多的创业者扎根南翔智地这样的郊区园区?问题的答案已经显现。

"任何事情专注去做,一定有创新的火花。"南翔智地的管理者更多地扮演着服务者的角色。甚至,他们也是创业者。"我们是热血青年,也服务热血青年;我们和创业者有共鸣,要通过服务,形成共振。"郭耀华说。

三、建创意者舒适生态园,筑创业人宜居产业园

在大众创业,万众创新的时代大背景下,位于千年古镇南翔核心区域的南翔智地,努力构建创新人宜居乐园,为年轻人创业就业放飞梦想。作为上海西部和嘉定区重点推动的产业园区南翔智地,它的定位是:配合加快城市化进程和产业结构的调整,退二进三,打造现代产业园;配合上海西部大型居住社区的建设,将城市化和产业功能有机融合;大力配合政府推进文化创意和生产性服务业的集聚,转变经济增长方式,加速产业业态调整。园区总经理郭耀华告诉记者,从 2008 年建园至今,不少本地大学生纷纷放弃市中心高薪工作回来创业、就业,园区企业税收每年以 20％增长率递增。

南翔智地整个企业总部园区。共分为组团式的六大

100

建筑功能片区,包括工、商、居住及娱乐功能区,工业、商业金融功能区,城市休闲绿地区域等。项目的配套设施与配套服务非常齐全完善。园区内主要干道两旁的餐饮、娱乐、酒店、健身等商业设施最大限度地满足了企业与个人的一切生活需求。项目周边近 3 公里范围内拥有大量成熟的商业配套设施,家乐福超市、东方巴黎、高尔夫球场、古猗园、双塔老镇商业街等配套设施一应俱全。而金地格林高档住宅小区、和记黄埔、路劲集团等一批知名房地产公司正在南翔大展身手。历史上,南翔是上海文化重镇,今天,南翔依然是经济重镇。随着南翔智地产业园异军突起,很多企业都纷纷要求入驻,使千年古镇声名鹊起。其中包括东亚影视及多媒体制作中心、上海设备租赁交易中心、汽车城人才培训学院等龙头企业。

郭耀华表示:"来这里的企业,首先是看好产业园良好的产业规划、产业集聚及辐射效应,其次是价格优惠,毕竟在市区,租金 10～15 元/(平方米·天)是很正常的,在南翔智地,租金只要 1.5 元/(平方米·天),仅仅是市区甲级写字楼的十分之一。"

南翔智地项目在交通便捷方面,更是占尽了得天独厚的优势,突显地区发展的门户效应。南翔智地距离人民广场 18 公里,虹桥国际机场 10 公里,离虹桥交通枢纽更是只有 5 分钟车程。轨道交通 11 号线在此通过,17 号线在建设之中。沪嘉高速、嘉闵高架、204 国道、京沪高铁、城际铁路等将南翔和长三角紧密相连。园区门口更是有 11 条公交线路连接市区各繁华地带。相关专家表示:"随着郊区城市化进程的加快,轨道交通 11 号线的通车及虹桥枢纽港的辐射效应加大,南翔作为嘉定新城的南大门,门户效应将越来越突显,南翔智地项目也会越来越彰显它的强大优势。"

南翔智地产业园区创客中心平台具有内涵丰富、措施完备、服务到位、政策优惠、税收减免、租金补贴、商务成本低廉以及全方位享受到区里人才引进培训与优秀人才扶持政策等优势,并且能享用到配套齐全的周边设施,非常适合中小企业成长。南翔智地创客中心平台的优势集中体现在:

一是建立了全方位的创业孵化科技 50 平台,自 2013 年初正式启动,每半年举办一次,融合了项目路演、交流沙龙、培训讲座、高端论坛等多项线下活动,为创业者打造交流和推广的最佳舞台,深受年轻人欢迎。科技 50 是由南翔创投联手 70 余家银行和投资机构建立的,启动至今,南翔创投直接投资 30 家企业,总投资额超过 8000 万元;联合银行提供无抵押信用贷款,为 50 余家企业提供总金额超过 1 亿元的贷款支持;联合投资机构持续投资,对 30 家企业总投资额超过 10 亿元。今年初,与世界第三大众筹平台 Pozible 共同主办的全球青年创客大赛,带动了更多国内智能硬件企业走向国际舞台。

二是建立了智能硬件产业基地,成立了信息科技孵化器。目前近 100 家智能硬件产业链上下游企业在此集聚,形成以"苗圃＋孵化器＋加速器＋科技 50 创业大赛＋亿元创投资本"共同助推的新兴产业集聚——智能硬件产业基地。镇里对试点获得成功的企业,还进行一定额度的奖励。

三是基于 9 分钟电影锦标赛实践建立起了青年电影梦想城,为电影创业者提供了单体 1200 平方米摄影棚以及一期 3000 平方米办公空间,目前这也是全球唯一一个全保姆式的拍摄实践机构,先后完成了对 99 部优秀短片的投资和监督管理,所出品的影片,获得了包括戛纳、柏林、金马、香港金像、东京电影节、金鸡百花、金鹏奖等 127 个国内外奖项。

四是与宽带资本共同合作了"南翔金融港"项目,使企业克服发展资金不足、融资难等问题,从而加快经济增长方式转变,满足调整经济结构的内在需求。

五是围绕实践和创新创意建立众创学院,联合复旦大学、上海交通大学、东华大学、上海理工大学、同济大学

CREATIVE
ECONOMY
AND
MANAGEMENT
VOL.3 NO.1,
2017

101

和上海工艺美术学院等,发挥科学研究资源优势,引导和鼓励青少年投入科技创新活动,旨在培育创新人才和创新团队。

六是由尚清实业集团、信韧体育投资、耐克中国、涵予营销企划共同打造翔立方体育公益综合体,以扶持体育产业为中心,发挥青年专业能力、对接专业资源。

令南翔智地产业园引以为傲的是,2016 年 8 月 29 日下午,在嘉定区南翔智地产业园内揭牌了翔立方文化体育项目。"翔立方"坐落于南翔智地产业园内,这片园区由原上海机床电器厂、上海东风制药厂等多家老厂房改建而成。改建时保留了原有老厂房的外立面风格,增加了空间感和设计感,使得园区内的建筑样式各异,文艺范十足。郭耀华介绍:"翔立方"位于智地产业园 B 区,是由 4 座不同风格的建筑组成约 2 万平方米的街区式综合体,业态定位以体育为主题,集运动、艺术、教培、商业、办公等功能于一体,其中运动设施几乎涵盖所有老百姓喜闻乐见的运动项目。值得一提的是,翔立方是上海首个采用 PPP 模式融资兴建的体育场所,这种模式的特点在于场馆由政府和社会资本携手打造,园区(政府)承担基础建设,其余包括设计布局、体育设施建设与运营维护等均由民营企业负责。

为保证真正惠及百姓,"翔立方"在建设之前,就已明确场馆的公益类份额不可挤占,这里的体育设施都将以免费或公益价格对南翔镇市民开放,承载起公共体育场馆的社会职责。比如周一到周五的早上 8 时到下午 3 时,"翔立方"的体育设施都将以免费或公益价格对南翔镇市民开放,还将发放包括锻炼和培训在内的优惠券等。

2016 年 8 月 29 日下午,受邀参加 2016 年美职篮传奇巨星中国行的"奈史密斯篮球名人堂"成员、"NBA50大巨星"加里佩顿、中国篮球运动员巴特尔、三届 NBA 扣篮大赛冠军得主内特罗宾逊等一众篮球巨星也出现在了南翔翔立方,为举行的"2016 美职篮传奇巨星中国行比赛"预热。据悉,"2016 美职篮传奇巨星中国行比赛"已是连续第二年在上海嘉定举行。谈及引入大型赛事的初衷时,郭耀华表示,翔立方综合体落地,能极大满足周边群众的体育文化需求,但仅有好的硬件设施是不够的,只有把打造自有固定的赛事与引进国际性的体育赛事相结合,才能更好地满足本地老百姓的需求,同时也能在上海的体育文化市场上占有一席之地。

四、草根创业者展翅翱翔的蓝天,科技创意企业大显身手的舞台

"你们为草根创业者提供一揽子服务,这种探索很好!"对于 2015 年 4 月中旬市委书记韩正来南翔智地调研时的这句话,南翔智地总经理郭耀华记忆犹新。在感到荣幸的同时,他也感受到了责任在肩的使命。

从老旧厂房改造而来的南翔智地如今已脱胎换骨,当年的车间工人已不见踪影,取而代之的是充满激情的白领和创客。园区内有不少仅有四五人的小公司,清一色"85 后",没有森严的上下级关系,时常为了一个创意争得面红耳赤。很多人不理解他们的"世界",但他们理解这个快速更迭的时代。陈默就是其中代表之一。她一手创办的上海半亩塘信息技术有限公司落户在南翔智地,虽然团队平均年龄不到 30 岁,但他们抱负却不小:要做家居软装电子商务企业中的佼佼者。

在南翔智地,有家入驻的企业曾在业内掀起波澜,那就是上海乐戴信息科技有限公司(简称乐戴),作为全国首家智能眼镜方案的设计方,乐戴在业界举办的中国电子信息博览会上出尽了风头。当下,智能硬件市场竞争非常惨烈,智能硬件在技术上已近成熟,难题在于整合和个性化,专注于软硬件整合方案的乐戴藉此脱颖而出,其设备可运用于智慧医疗、城市安全、抢险救灾等。由于乐戴等一批企业聚集,南翔智地成为目前国内唯一的智能

硬件产业基地。

对于乐戴的崛起,郭耀华自然乐见其成。但在他看来,企业的成功亦离不开园区的助推。就拿半亩塘来说,因为拿到了"南翔创投"为其注入的资金,发展得以加速。事实上,南翔智地除了完善硬件设施和成立近亿元的创投基金外,还实施了"创客银行"和"创客学院"计划,扶持具有潜力的初创者。

正如郭耀华说的那样,他希望南翔智地企业总部园能让企业实现对中国的文化创意产业的无限希望。"我们园区做的一切努力,就是希望企业能在我们打造的这片沃土上蓬勃成长,发展更加平稳顺畅。"

故事讲述人　郭耀华
故事采写人　张伟刚
责任编辑　詹东新

CREATIVE
ECONOMY
AND
MANAGEMENT
VOL.3 NO.1,
2017

103

一手理智谋价值，一手情怀容人性

——访颐成投资管理公司总经理、青年作家 王建成

王建成，毕业于东华大学环境学院建筑环境与设备工程专业本科，获工学学士学位。同时，在人文学院学满法学第二专业，继后又在管理学院完成了研究生学历，并获得 MBA 学位。毕业十余年，王建成辗转就职于政府各机关、金仕达等著名民营企业，并创立了颐成投资管理公司。同时，王建成还兼职了多个社会职务，为政府部门工作出谋献策，并在闲余时间充分利用自己在商圈、投资圈、文化圈、社会活动圈的经历及自己对人生的感悟，著书立说，出版了不少深受读者欢迎的畅销书籍。

在商界，他是颐成投资管理公司总经理、金仕达多媒体公司董事，以及某资产管理公司和酒店管理公司董事长、总经理等企业管理高层。在投资界，是树维信息、学伴软件（爱慕课）、马珂博逻（跨境电商服务平台）、物银通（供应链金融服务平台）、豆朋教育科技、成业智能科技等项目的投资人。在文化界，他是上海屈指可数的商界青年作家（笔名：牧太甫），主要著作有管理文学：《易经管理密码》、《论语管理密码》，小说：《爱可爱非常爱》《风起水波澜》《离曰》散文集：《蝴蝶说》《遇见青春》等。在社会活动界，是青联委员、文联会员、家庭教育研究会会员、上海市经济和信息化委员会投资专家、上海市科学技术专家库投资专家、中国创新创业大赛专家评委等。

王建成在创业的道路上成就斐然，在人生事业的旅途中取得骄人业绩，恰如其所说是在"一手理智谋价值，一手情怀容人性"的方向上一路前行。

一、东华校园是培育创业基因的摇篮

王建成创业基因早在大学时代就已经开始自我培育。在校期间他先后担任过学院学生会主席、校学生会主席、校团委书记助理、学校学生管理中心主任等职务。在政府部门挂职期间，通过参与上海市妇联的有关联合国儿童基金会重要研究课题项目，取得了一等奖的好成绩。多重历练，以及在组织、管理、协调等方面的才能，为他未来的创业发展打下了坚实基础。

王建成由于在大学期间所展示出来的卓越才能，入选"选苗育苗"工程，并在大四的时候被学校选送，参加了上海市委组织部、市教委、团市委等部门合办的"上海市优秀大学生培训班"。此外，他还被选送参加了团市委、市青联的"人生导航"项目，获得了以专家团队组成的人生导师的结对培养，在这一年专家团队组成的人生导师的结对培养项目活动中，他的各方面能力得到了跨越式提高。王建成告诉记者：正是大学校园 4 年激情岁月里担任学生干部的锻炼，以及一年的专家团队组成的人生导师的结对培养项目活动，使自己获得了在踏上社会之前非常宝贵的人生历练，为以后的人生创业之路起到了重要的导向作用。

二、机会总是青睐有准备的人

王建成毕业走出校园那一年，恰逢上海市公务员系

104

统"逢进必考"的第一年,他利用第二专业法学的知识能力,考取了政法类的公务员。进入公务员系统后,他从最基层工作做起,在区公安系统从事过第一线的巡警、交警、社区民警工作,并做过政治处教官、网络警察等警种。以后又凭借着较强的工作能力与深厚的文字功底,受到了区领导的赏识。他在十余年的时间里,先后辗转于团委等群众团体系统、科委等科技经济系统、政府办公室等行政系统,在恪尽职守、严格履行公务员职责的同时,也广泛结识了各阶层人士,其中有许多人成为他以后共同创业的合作伙伴。

王建成告诉记者:在体制内工作的十余年时间里,自己培养了全局意识,积累了工作经验,增长了见识,丰富了阅历,开阔了眼界,收获了人脉,更重要的是增强了组织协调能力,以及观察问题、思考问题、解决问题的能力。这是自己在人生道路上,为以后开启创业之路挖到的"第一桶金"。

王建成有体制内卓越的工作能力、工作经验作铺垫,使他在投身商海之初就有着较高的起点。他的合作伙伴就是凭借其"伯乐相马"的前瞻眼光,在王建成"下海"之时就"慧眼识英雄",委以重任,任命为金仕达多媒体公司副总经理等职。王建成创业经商之路就此启程……

三、海阔凭鱼跃,创意跨越成行业翘楚

王建成简单向记者介绍了金仕达企业从复旦金仕达(SunGard 收购)到金仕达卫宁(300253,卫宁健康),再到金仕达多媒体,然后到树维信息和豆朋教育的演化过程。随后,重点介绍了树维信息和豆朋教育两家从事教育的信息化教育公司。

树维信息是国内教育信息化领域的重要软件供应商和系统集成商之一,主要从事数字化校园基础平台产品、校园一卡通系统、教务管理信息系统等教育信息化产品的研发、生产与销售。树维信息凭借着成熟稳定的系统解决方案、个性化的定制服务,以及快速的后期维护服务响应,在上海、华东地区乃至全国高校校园一卡通市场中建立起了无以匹敌的领先优势,品牌知名度和品牌形象不断提升。在此基础上,树维信息目前已经向华东、华中、西南、西北等其他地区高校大力拓展,主营业务呈现良好的发展势头。早在 2012 公司就完成了对胜科金仕达数据系统(中国)有限公司高等教育业务的收购,在教育行业产品积累与创新,以及全国市场营销和服务体系方面有了跨越式发展。

"树行业棋局之高地,维互助共赢之平台"。公司总部位于上海,但在北京、合肥、成都、西安设有分公司。公司现在拥有校园基础平台、校园一卡通、教务综合管理、学生综合管理等八大产品体系,并正在为国内近 150 所高校提供产品和服务,包括复旦大学、上海交通大学、同济大学、华东师范大学、南京大学、中国科学技术大学、电子科技大学、西北工业大学、哈尔滨工程大学、东华大学、南方科技大学等著名学府。

2015 年 8 月,新开普(300248)实现对树维信息的收购,这一次的收购使得该项目的投资人获利颇多,王建成也在这次收购中变现了自己股份。这是他在投资领域,股权投资功成身退比较成功的案例,也为他以后驰骋商场提供了资金支持。

另一个项目是豆朋教育,寓指处于基础教育阶段的小朋友可以在大棚中像豆苗一样受到呵护而茁壮成长。对于豆朋教育的经营理念则是鼓励创新、敢于创新,培育出一支学历层次高、技术实力强、实践经验丰富、勇于开拓创新的核心团队,并拥有广泛的合作伙伴。豆朋教育秉承"客户第一、团队协作、求实创新"的企业价值观,以及"诚信做人、热情做事"的企业文化,力图打造中国在线教育服务第一品牌。

豆朋教育立足上海 K12 教育高地,不断进取拓展,在

CREATIVE
ECONOMY
AND
MANAGEMENT
VOL.3 NO.1,
2017

105

课程规划、产品研发、精准施教、强化服务等方面不断探索，以扩大市场占有率。目前公司的多媒体同步教学产品在上海地区基础教育市场（语数英）占有率达到了80％以上，服务对象超过了150万学生和老师。公司在合肥和成都分别设立了研发中心和分公司。王建成表示，希望他所投资的互联网教育不断做大做强，不仅在技术软件开发上做到国内一流，而且在服务以及资金运作方面也要不断超越。

四、天高任鸟飞，睿智投资翱翔在创新蓝天

2015年初，王建成以联合创始人的身份成立了颐成投资公司。颐成投资定位为一家孵化型创投，主要针对互联网教育、大健康和互动娱乐偏早期项目，采取"基金＋基地"的项目投资和孵化为一体的模式，目前共投资了20余个项目。

据王建成介绍，该投资基金目前投资的以"学伴软件"（即爱慕课）为代表的互联网教育板块，主要是基于"互联网＋"大背景下，瞄准教育的数字化、信息化、平台化的发展方向，进行互联网教育投资。上海学伴软件有限公司专注于为各类院校、培训机构和企业客户提供综合性在线教育服务，业务内容涉及大规模开放在线课程Moocs平台解决方案、课程制作、课件录制、实时直播互动课堂解决方案、移动教学解决方案、教学管理平台解决方案、课程营销平台解决方案、招生教务管理平台等的新型教育技术和服务。

颐成投资不仅对学伴软件发展投入了资金，还给企业提供了舒适的办公环境。学伴在管理经营方面，以"增值、合作、共赢"为战略理念，依靠雄厚的技术实力，以及与中国电信、上海交大等多年的合作关系，建设全方位的市场渠道，并贯通宽带、IPTV、手机等多种学习终端和网络，打造新型的"爱慕课iMoocs"资源建设平台和"微课堂

WeCast"课程营销平台，帮助各类教学机构建设以MOOC为特色的在线教育门户。"学伴软件"类互联网教育企业迎合了当前市场发展方向，正在逐步走向正规，发展前景广阔。

颐成投资所投资的第二类特色项目是以"物银通供应链金融服务平台"及"马珂博逻跨境电商服务平台"为代表的大数据和互联网平台公司。

物银通是中国首家针对中小企业ERP及其供应链生产的全程数据采集专用技术平台。在过去的一年中，随着互联网技术的普及，实时采集企业生产、采购、销售的全过程数据已日渐成熟，物银通通过长达一年的研发，完成了针对中小企业ERP及其供应链生产的全程数据采集方法及专用技术，并利用大数据分析功能和完善的风控模型，对企业运营进行实时和历史分析，从而获取企业数据增信模型，进而使企业在线获取银行贷款的审批和发放，彻底解决了银企信息不对称和中小企业融资难的问题。

马珂博逻致力于为国内外商品厂商、电子商务销售平台提供集合建站、货源分销、商品运营、管理软件开发应用、跨国运输、国内外仓储订单履约等一站式服务。马珂博逻与国内外主流电商平台均有紧密的合作，包括天猫国际、京东全球购、中粮我买网、敦煌网等，并且是国内主流电商协会推荐的供应链服务商，为国外厂商提供进口到中国的海外直邮、保税集货服务；为国内卖家提供出口集货、干线物流及海外仓服务。马珂博逻以专业的品质、快速的响应、强烈的使命感，通过构建完善的一体化服务，将电子商务行业的服务标准再度跃升，该项目的投资也必然成为下一个潜力股，将为颐成基金带来更多的经济收益。

颐成投资的第三类特色是基因测序项目。弘扬生物通过收集猪的基因数据，实现猪基因大数据的收集，通过基因研究来防控猪瘟，并选聘清华等高等学校的博士生、

106

导师参与该项目的研究。经过数年的研发,该项目已取得了丰硕的成果,并实现银行贷款、企业保险与山东、河南、河北、天津等生猪养殖基地取得了合作,从基因选种开始形成猪瘟防控链条,减少了养殖户对猪进行疫苗注射的花费。该项目的目标是这项基因防控猪瘟技术能够在全国范围内应用,并实现对使用该技术的养殖户的生猪的收购,以期形成完整的培育、养殖、收购一体化链条。

王建成凭借个人的投资谋略与胆识实现了不同行业的"自创自投,风险自担"式的成功投资,正是他及其团队的睿智选择与独到的远见,使他们的投资实现了一次又一次的成功。他们基于"互联网+"的网络背景,利用网络空间独特的价值标准和行为模式,实施大数据收集,实现了投资效益的巨大回馈。正是对一些初创企业的投资与孵化,一些微网络企业也初具规模,并将进一步扩大市场份额,实现事业的腾飞。

2015 年末,王建成用睿智的前瞻性眼光投资了地处上海繁华地段的物业。该物业是当年该区域内的标志性建筑。王建成亲任物业的董事长和总经理,统筹管理着这个商业、住宿、办公为一体的商办综合体。作为该物业的掌舵人,王建成十分注重员工的培养和发展,注重人性化管理,他不仅注重选人更注重用人及留人。在大厦的酒店管理中,为酒店员工提供食宿及其他便利,保障了外来务工人员的基本生活需求。他们企业的员工不仅稳定性强,还乐观向上、踏实肯干,上下级关系融洽。对于企业的管理层,他要求"讲奉献""知奉献",尽己所能恪尽职守。

五、著书立说,修身养性叙经商底蕴

王建成(笔名:牧太甫)心有秉持,持道经年,未届不惑之龄,却已著书多本,存山川城郭在胸、生曼妙莲花之笔,堪称博学雅量的君子。王君曾由政而商,人生阅历自比常人丰富许多。经纶世务培育了他独思慎行的气质,阅人无数则提供了其慧眼辨析的能力。藉此,酷爱写作的他,每每于熟悉的生活处落笔,冀望的理想处飞思,成就了许多奇思妙作。

王建成对记者说,现在事业成功,资金充裕的人士,比较疏于自我约束,部分人在物质生活极大地丰富后选择了极端的自我补偿方式。所以在这方面他非常注重强化对自己的自我约束、自我调节的功能。而在闲暇时间著书立说、文学创作就此成为他修身养性的自我补偿方式,把自身的经历与感悟、自我的见解与感触通过文字表现出来。

王建成对记者说:"早期的三本情怀类著作,是在自己从政的八年中通过上班往返途中利用乘坐地铁的时间写出来的,这是基于自己对文学的强烈热爱。我不但没有觉得写作的环境恶劣,反而觉得正是这样独处的时间、这样的环境使我的思绪迸发,连续写出三本著作。"其中,青春视角的《离曰》《风起水波澜》写的是对生命的困惑和疑问;批判视角的散文集《蝴蝶说》是对生命现实困惑的一场探寻;人性视角的《爱可爱非常爱》则是灵魂的某种回音;管理和文学融合的《易经管理密码》、《论语管理密码》或是内心渴望的一种自我完成。这几本书对王建成来说都有非凡的意义,这是他对文学热爱的结晶,也是他对世事看法的汇聚,更是他对百态人生的感悟。

王建成表示,在未来的日子里,他将继续从事文学创作,继续相关系列的写作,如已经写的《爱可爱非常爱》系列书籍以女性化的视角表达了对于爱情的看法,接下来将继续以老师的视角写作第二部,从警察的视角写作第三部。在经管类的书籍中,除已出版的《易经管理密码》和《论语管理密码》以外,将继续写作《红楼梦管理密码》等著作,将从他个人的经商经验来解读中国传统书籍。

近期热销的《易经管理密码》是他在互联网技术不断迭代的社会转型期写作出来的,应对颠覆性的技术、剧烈

CREATIVE
ECONOMY
AND
MANAGEMENT
VOL.3 NO.1,
2017

107

的竞争、细分的市场、全能的顾客、新颖的商业模式以及挑剔的股东带来的新挑战,王建成深入挖掘中国最古老的文化瑰宝中的真谛,探寻符合中国国情的企业管理之道。

王建成事业上的引路人、现在的合伙人,评价他的《易经管理密码》时说:"这是他研究多年、经营多年的管理体验和投资感悟的成果,是引人深思的作品。"他的导师顾晓敏则极力推介这部书为:"正在经历创业的梦想者进入此书探秘,以获得创业的成功。"

故事讲述人　王建成
故事采写人　张伟刚
责任编辑　　詹东新

108

铸造时尚创新模式，开启裔绘体验式营销

——访上海裔绘（时尚）电子商务有限公司 CEO 姜蓓

2015 年 11 月 8 日，"上海世界创意经济峰会国际论坛"在东华大学举行。会上，作为该论坛 8 位演讲者之一，上海裔绘（时尚）电子商务有限公司的 CEO 姜蓓艺作了"裔绘时尚创新模式：互联网让传统服装思维飞起来"的演讲。姜蓓艺以自己的公司为例，进行了"互联网对传统服装业产生的巨大影响，互联网为裔绘带来的时尚创新模式改变了传统服装思维"的演讲，使与会者受到了诸多启迪。

一、创新创意破茧成蝶，线下线上融为一体

移动互联网时代，使得人们在移动方式下获取海量商品信息成为可能。当海量商品信息呈现在用户面前时，消费者在购买商品时体验感受的喜好将成为商家取胜的关键。目前产品同质性日益严重，如果能给客户在消费时带来真切的体验，对营销的结果非常重要。可以这样说，客户自身体验的效果，决定了产品的销路，也决定了企业的命运。道理很简单，因为客户的体验决定客户的货币选票，而客户的货币选票则决定了对市场商品的喜好，决定了商品在市场上的占有率，决定了企业的生命力和竞争力。上海裔绘（时尚）电子商务有限公司 CEO 姜蓓艺认为："随着全球经济的发展，国人消费升级已经成为经济转型的关键，将促使各个行业转型升级。服务型经济已逐渐转向个性化体验式经济，各个企业都在寻求差异化服务以提高自己的竞争力。在过去，不少商界

人士认为，实体店的体验式营销和网络营销是两个相互对立竞争的营销模式。实则不然，个性化体验式营销强调消费者通过感官体验、参与等系列手段来完成购买过程，并且根据消费者的喜好，为他们提供精心筛选定制的产品。而网络营销则侧重于图文、视频等二维效果。在考察了各自的利弊得失后，在我们的商业模式中，把体验式营销确立为我们营销的重中之重。个性化体验式营销重点是考虑顾客在消费过程中充分的体验，顾客的体验来自于某种经历，是在消费中对感觉、心灵和思想的触动，它把企业、品牌与顾客的生活方式联系起来，赋予顾客个体行动和购买时机更广泛的心理感受和社会意义。体验式营销者不仅仅考虑产品的功能和特点，更主要的是考虑顾客的需求，考虑顾客从消费产品和服务的经历中所获得的切身体验.考虑顾客对与产品相关的整个生活方式的感受，让消费者在消费过程中对自身的消费产生享受和满足感。

姜蓓艺指出："我们倡导的体验式营销模式是打造一个全方位、多元化的体验空间。它并不是一个服装店，而是囊括了服装、配饰、美容、文化、社交、美食等的综合性生活体验平台。每一位客户在第一次进入线下体验馆时，我们都将为她建立一个数据库，存放她全方位的信息，日后在体验馆购物时，可以高效地找到最适合她的商品。在这里，我们会根据客户的身材、职业，提供整体造型的搭配建议，并且将针对性地定期举办沙龙、聚会，让客户在买到心仪商品、享受优质服务的同时，还可以得到时下最前沿的时尚趋势走向和各个维度的社交知识，让

CREATIVE
ECONOMY
AND
MANAGEMENT
VOL.3 NO.1,
2017

109

消费者在整个消费过程中有所收获。"

姜蓓艺介绍:我们线下体验馆在整个营销中,主要将四个特点有机地结合起来。

(1)跨品牌合作。例如美妆护肤、珠宝配饰以及文化主题活动等。目前已经与好几家珠宝首饰企业洽谈战略合作关系,希望通过跨品牌会员制,能够对一批中高端人群提供一站式服务。如果客户在我们这里挑选到了合适的配饰,我们将给予他们一定的优惠。

(2)换衣镜。每个人通过将自身体型数据录入换衣镜系统软件,在店内的触摸屏或者手机客户端上即可生成一个三维模特。顾客喜欢哪一款衣服,就可以直接让和自己体型一样的模特把衣服穿上来看效果是否满意,这样不仅减少了换衣服的麻烦,也提高了购物效率。

(3)个性化定制。个性化定制是一种风靡全球众多领域的新型商品开发方式。企业可以根据消费者的需要定制他们符合要求的商品。服装行业的个性化定制在国内早已被推广,但主要还是集中在高端人群和国际一线品牌,而我们做线下体验馆,就是希望能把这种模式广泛推广到中端客户,让高级成衣定制不再是高端客户专属。

(4)线下体验,移动支付,快递到家。在体验馆挑选好商品后,便可通过二维码下单、手机支付等方式空手回家,实现线下体验、线上购买的全新消费模式。不难看出,企业做到这四个方面的目的就是为了追求极致的用户体验。用户的主观自然需求是我们打造商业模式的出发点,根据行业现状以原创为核心,从五个维度全新定义OAO服装商业模式。

在O2O成为电商行业热词的当下,顺丰嘿客投入10亿元的O2O实验曾经风光一时,最终以失败落幕。顺丰嘿客作为品牌展示的线下店,"快递收发站+社区便利店+线下体验店"三位一体,但是它并没有考虑到用户的感受,店里没有实物商品,只提供图片,用户下了单后只能回家等候。客户就问了,既然如此,为啥还要去店里下

单?这不是多此一举吗?顺丰嘿客以失败落幕,也替O2O从业者上了生动的一课。不止是顺丰嘿客O2O,整个O2O行业、甚至电商目前都面临着巨大的竞争压力和重新洗牌的危机。

姜蓓艺说:首先,不管哪一种商业模式,应该都从用户的主观自然需求出发。顺丰嘿客失败的原因就是他从快递收发站到社区便利店到线下体验店,都是商业逻辑而不是用户逻辑,忽略了用户的主观需求。其次,目前在电子商务中,最可怕的是同质化问题。同样一件衣服,这么多家店都在卖,用户看不到面料,只能看到款式,由于互联网信息透明,大部分人可以随意比价,有些企业无法很好地整合产业链、压缩成本,而用户本身是追求性价比的,对于质量和服务相差不多的产品,自然优先选择价位更低的一家。这意味着创业者只能打价格战。品牌就此失去溢价能力,更加无法建立品牌黏性。此外,还有伪需求、低频次等问题。而我们打造的是OAO(Online andoffline)商业模式,即线下体验馆和线上(网购品牌店)有机融合的一体化"双店",不同于O2O简单的线上引流、线下体验,我们会根据客户的需求精细化分层,从用户的需求出发,将追求极致的用户体验服务宗旨贯彻到整个商业模式中。

姜蓓艺指出:上海裔绘以原创为核心,根据现状中的种种问题,我们发现原创才能最终破茧成蝶。我曾分析过艾森尼尔森的数据,发现中国越来越多的人开始追求优质优价并且有一定创新的商品,而不仅仅是注重便宜,特别在对服装原创设计上的需求更是显露无疑。我感到在同质化严重的电子商务中,差异化竞争才能拥有核心竞争力,我们要做的就是中国最顶尖的原创设计,只有这样,才能跳出当前的价格战而真正赢得市场,实现品牌化后品牌溢价和品牌粘度也会自然生成。垂直细分化的分层OAO模式,对不同消费层次的客户建立不同的会员等级,针对性地向她们推送对应的商品,组织切合她们实际

需求的沙龙、聚会,这也是我们要做用户数据库、高端定制的原因。我们的目标就是选择一个垂直面,做到行业巨头们做不到的深度,再从纵向拓宽产业链。我们之所以和周边产品供应商进行跨品牌合作,就是为了能够在这个行业,不但能做出深度,也能做出广度,在这一领域为客户打造全方位的形象。

姜蓓艺说:特权与社交两方面极致用户体验一直是我们商业模式的中心思想。具体来说,除了行业内的做法外,我们还会在会员特权和客户社交这两方面做出更多创新的尝试。在线下体验馆设置等级会员、沙龙聚会等,就是我们在这方面的初步尝试。面向中端客户,引导高频次行为。根据目前数据统计,在中国确实有这么一批人,他们达不到中产阶级,但他们对高品质的消费需求很旺盛,却找不到真正优质优价的商品和服务。我们要做的就是把原本只面向高端客户的商品和服务向这些潜在的消费群体推广,让高级成衣定制不再成为上流社会的专属品。在定位高端定制的时候,我们不追求暴利,而是以高性价比打造品牌黏性,让客户高频次地到店体验,享受到极具性价比的品质服务。

整合现有资源,线上线下打造品牌信仰。上海裔绘(时尚)电子商务有限公司其实已经在这个行业默默耕耘了 12 年,为国内知名品牌做线下营销的能力在行业内有目共睹。从整个品牌的价格体系、营销体系、会员体系、物流仓储体系、管理体系诸方面,已经有了成熟的整体规划。现在裔绘希望的是能通过整合这一系列的资源,通过线上线下有机地结合,打造一个全新商业模式的原创品牌,多方位在消费者中建立品牌信仰,真正使中国的服装设计走向世界。

二、体验"互联网十"新模式,品味新锐设计师盛宴

2015 年 10 月 19 日,上海裔绘(时尚)电子商务有限公司在月亮船(原世博会沙特馆)举办了以"科技、艺术、时尚"为主题的体验展。10 月 19 日恰逢星期一,本是月亮船的闭馆日,但上海世博发展集团为这一场时装秀破例开馆。世博会期间,沙特馆月亮船是近 200 个展馆中的最热门展馆之一,馆前每天出现排队长龙,队尾处经常张贴着关于排队时间的友情提示,比如,"排队时间需要 9 小时左右",由此创下了世博会展馆的排队记录。据世博会历史数据,在人流最高峰时,沙特馆外围的排队游客长度可达 4000 米,可绕沙特馆 8 圈。世博期间沙特馆共接待游客 438 万人次,众多参观者表示,沙特馆物有所值,是自己必到的场馆。据悉,截至目前,沙特馆参观人次已超过 500 万,在历届世博展览馆中火爆程度实属罕见。上海裔绘选择在月亮船举办此次公益体验展的苦心可见一斑。本次体验展的主创人员之一上海世博会有限公司副总经理陈震表示:"后世博时代需要全新的线上线下相结合的会展场景体验模式,世博园区的定位是 21 世纪市级公共活动中心,要引领最佳的城市生活方式,我们非常看好这样的商业模式,而且与虹桥商务区的国家会展中心、浦东的新国际博览中心相互区分、相互错位,探索出一条符合世博园区的会展经济模式。"姜蓓艺解释,这场时装秀也是"2015 年科技艺术时尚"公益体验展的一场开幕大戏,体验展在月亮船连续展出的 1 个月时间内,前来参观的观众络绎不绝。本次主题展发布了 2016 春夏服装设计主题,现场的时装秀和公益体验展,给观众体验到了"互联网十"消费新模式的冲击力和震撼力,让消费者品味到了新锐设计师最新创意作品的视觉盛宴。

上海裔绘科技股份有限公司举办的整个体验展,呈现了一个全方位、一站式的线下体验馆。比如,体验馆装备了一个换衣镜系统,每一个进门者都可以将自身体型数据录入软件,在馆内触摸屏上或者其手机客户端上生成一个三维模特,体验者喜欢哪一款衣服,就由和自己体型一样的模特把衣服穿上来亲眼看穿着效果。它不仅减

CREATIVE
ECONOMY
AND
MANAGEMENT
VOL.3 NO.1,
2017

111

少了换衣服的麻烦，也提高了购物效率。在体验馆挑选好服装，刷二维码下单、手机支付后就可空手离去等送货上门，实现"线下体验、线上成交、快递到家"的全新商业模式。"

科技、艺术、时尚体验展不单纯是个展览，它不仅要打破服装商场和单体服装店的传统思维，落地'线下体验、线上成交、快递送上门'的全新商业模式，而且通过体验展全力扶持设计师创业创新平台，也对会展场景体验新模式做了一次探索。

姜蓓艺透露：万达集团、远洋广场、凯德商业都对这种新模式感兴趣。目前首个线下体验、线上销售服装的落地商厦正在商谈中。值得一提的是，姜蓓艺拒绝了在天津落地的邀请，她比较看好上海。我们感兴趣大型物业，因为它们知名度高、全国连锁经营，有利于复制新的商业模式。据悉，万达集团、远洋广场、凯德商业的相关人员也莅临了"科技、艺术、时尚"体验展，感受实际效果。该场时装秀是月亮船的告别之展，该展览结束后，月亮船的对外开放也将结束，展馆他们或就地拆除，或异地重建，"科技、艺术、时尚"体验展是月亮船的告别展。

姜蓓艺认为：这个展览比较另类，有交互新媒体艺术、装置艺术、时尚服装及新锐设计体验，参与这个展览的有新锐的服装设计师、室外作品或者舞美艺术创作者，其中有的艺术家策划过圆明园最大的回顾展，有的服装设计师参与每季的时装流行趋势与时尚未来走向的发布，有的在微软公司从事可穿戴设备原型开发。他们的作品将科技与艺术结合，视觉冲击力不小，会让游客牢记住月亮船。

三、孕育创新人才冒尖生态环境，营造新锐设计展示创意舞台

在当今大众创业、万众创新时代，人才的规划和培养开始向创业、创新方向转变。大幅度的提高人才的创新能力，最重要的就是转变人才培养理念，以一种全新的理念为导向，研究和推动创业创新型人才的规划，建设一套新的培养体制、新的培养方式。就未来的服装设计师而言，创业、创新型人才规划和培养的目标，应该更加注重于营造良好环境，构建创新载体和平台，支持人才在创新活动中成就事业。中国纺织服装协会原会长杜钰洲说："关于创新，最难的是文化创新，文化创意，这要成为服装行业提高设计水平最重要的一个因素。裁剪、面料不错，量体裁衣现代化，扫描式的仪器都有了，主要是文化价值不够，文化的价值要超过实物的价值，这才是品牌的真正价值。"

近年来，服装企业在强化管理与改进生产工艺的同时，重点将资金投入到了生产规模的扩张，却因设计创新意识不足，模仿国际大牌服装的面料、色彩、款式设计，忽视了对我国自身优秀传统文化和优良工艺的传承与应用，导致服装品牌文化价值欠缺、品牌特色不鲜明、产品同质化、库存积压等问题。2012年，我国87家服装纺织类公司仅上半年库存就达732亿元。服装的库存如果管理不当，2年以上就可能导致织物的霉变，这不仅仅是打折处理的问题，而是完全的报废。库存不但会导致服装物品的直接浪费，还带来大量生产服装原材料的农业资源，纺织、加工、制造服装的工业资源，以及基础生产建设、人工、物力和交通物流等资源的间接浪费。中国服装产业靠规模和数量扩张的时代已经结束，迫切需要转变发展方式，依靠服装设计的创新实现服装产业的升级与转型。这就需要高校服装设计教育要为服装产业培养创新型设计人才。我国服装产业急需创新型设计人才，从服装时尚流行与审美的角度，提升与改善中国服装品牌的服装文化创意设计，引导服装产业从以消耗资源为代价的发展模式向高端市场拓展，加速服装产业的升级，提高我国服装产业在全球服装产业结构中的地位。

112

姜蓓艺在人才培养方面有着自己独有的思路和规划。她认为首先要从服装产业的源头上着手,裔绘(时尚)电子商务有限公司将扶持和培育一批新锐设计师。她说,前不久,我向东华大学艺术设计学院院长了解了毕业生的就业问题,根据目前的数据,服装设计专业的学生毕业后高达 83%的毕业生从事着服装设计以外的行业,工作内容与设计毫不相关,这是非常令人惋惜的人才流失。对此,我们计划,将来与国内顶尖的服装设计专业院校合作,在服装专业学生毕业前一年就开始前瞻性进行规划,一直跟踪到毕业后他们进入到市场的第三年。在这 4 年处于艰难起步时期的新锐服装设计师是我们着重培育、扶持和管理的对象。

姜蓓艺强调,我们将尊重每位设计师的原创,与他们签作品的合同,而不是签人。设计作品的版权仍然归原作者所有,让作品和设计师始终合为一体,每款作品都将附上设计师的简介,最大限度上保护设计师的知识产权。只要作品能够通过主设计师的筛选,那后面从拍照、生产到上线等统统由我们来做,如果预售达到一定数量,能够批量投产的话,设计师便可以从中得到相对应的提成。这对于年轻的优秀设计师来说,几乎不需要什么成本,却可以在一定程度上得到上升的机会,并且从中可以获得相当可观的收入,体验到‘大众创业、万众创新’所带来的效益。我们希望为国内新锐服装设计师打造一个良好的服装原创设计生态环境。与此同时,我们也积极拓展,努力挖掘顺应服装潮流的国内顶尖的服装原创设计师。

故事讲述人　姜蓓艺
故事采写人　张伟刚
责任编辑　　詹东新

CREATIVE
ECONOMY
AND
MANAGEMENT
VOL.3 NO.1,
2017

113

创意铸就卓越　创新实现跨越

——访上海趣搭网络科技有限公司 CEO 覃兆梅

上海趣搭网络科技有限公司 CEO 覃兆梅毕业于湖北大学高等数学系。曾参与可可西里藏羚羊保护志愿者活动，担任过湖北重点高中松滋一中高中数学教师，后任大唐纺织业务经理、天路国际物流总经理、上海派威贸易公司总经理、香港 YIRUYI 集团执行总裁。覃兆梅 10 多年来不断跨界的职场积累及不断跨越的职业历练，使她厚积薄发，于 2012 年建立了上海趣搭网络科技有限公司。其间，她率领的团队攻克技术难题，在 3D 试衣领域获得多项国家和国际发明专利，目前处于全国乃至世界领先技术水平。2014 年初，又组建了"魔购百货"，销售商品达 1000 多个品种，将来计划增加到上万个品种。

上海趣搭网络科技有限公司 CEO 覃兆梅

覃兆梅领衔的上海趣搭网络科技有限公司是一家主做 3D 试衣产品研究与开发的创新型互联网企业。公司拥有专业的 3D 核心技术及管理团队，致力于将 3D 试衣技术应用到在线购物平台魔购百货，通过动感 3D 试衣功能，打造集购物、娱乐、体验于一体的全新 B2C 平台。

趣搭网络在线试衣插件是趣搭网络科技有限公司旗下设计研发的一个可集成的 3D 试衣插件。趣搭网络试衣插件主要服务于服装商城，通过搭载趣搭试衣插件，快速提升 B2C 商城的购物体验。趣搭魔镜试衣则是一款可集成趣搭 3D 在线试衣功能的大屏展示设备，依托趣搭 3D 在线试衣的优势，互动展示高效、逼真的服装搭配效果，给消费者带来真实的视觉感受。趣搭手机客户端专门为 iPhone、安卓手机用户以及 iPad 用户提供在线 3D 试衣移动应用。

趣搭科技对于大数据的驾驭，在将来可以改变服装行业的格局。精准数据的搜集，让大规模定制成为可能；纵深做到精准化定制、推荐、个人衣橱管理以及穿戴搭配管理。当前服装行业的大量库存使成本变高，资源浪费，甚至本来珍贵的社会价值变成环境污染。习近平主席再一次提出工业 4.0 和去库存化，是一次新的革命，而趣搭科技正是在做一场服装业的革命！

一、虚拟服饰惠民生，线上线下互通融

李克强总理在 2015 年政府工作报告中指出："把以互联网为载体、线上线下互动的新兴消费搞得红红火火。"这是中国政府总理第一次提及鼓励 O2O 线上线下互动消费，这对目前大热的 O2O 行业将起到更大的促进作用。近年来，上海趣搭网络科技有限公司着眼于推动移动互联网、云计算、大数据、物联网等现代消费产业和

114

制造产业的结合,推出"互联网＋"背景下一站式智慧生活终端机,也称作"趣搭·魔购"。该产品创新受众消费模式和品牌推广理念,融合线上线下,汇通国内国际,拓宽实体商贸经营范畴,只要"一机在手"、"线上线下互通互动",就可实现"电脑＋人脑"的融合,实体经营加网络拓宽渠道的交融。

2015 年,受中央新闻单位和青年联合会委托,趣搭网络科技公司在郑州郑东新区举办了一次趣搭·魔购"互联网＋智慧生活"终端产品推介研讨会,光明日报、团中央等单位负责人与会见证了大众创业和互联网惠民生的趣搭网络科技有限公司创新工程。值得一提的是,趣搭·魔购百货终端机已成为大众创业、万众创新的实践平台,为大学生、青年创客、创业群体提供了低门槛、易操作、助推广的互联网创业模式。会上,上海趣搭网络科技有限公司 CEO 覃兆梅表示:"大众创业·万众创新"不会一帆风顺,不可能一蹴而就,"喊破嗓子不如甩开膀子";我们趣搭·魔购真诚欢迎热爱互联网、热爱智慧生活的有识之士,关注"互联网＋惠民生"工程。在中央直属机关青年联合会和中央新闻单位青年联合会的培育支持下,覃兆梅以时不我待的创新精神和破釜沉舟的创新勇气,破除制约大众创新创业的各种障碍,有效推广趣搭·魔购品牌,为构建高水平、高效率、高品质的智慧城市贡献了青年创客的才智和力量。

如何克服线上购买服装无法试衣的不足,一直是线上服装销售行业内最基本、最棘手的问题。做服装行业最要讲究的是以人为本,但将创新、创意购物融入以人为本却是当前很多企业心有余而力不足的问题。趣搭网络创意产品趣搭·魔购"魔镜"的出现,无疑给服装行业购物销售带来了颠覆性的变化,树起了一个创新的标杆。"魔镜"全新的体验和销售模式,将用户体验放到了第一位,在趣搭·魔购百货中把"魔镜"搬到现场,线下用户不用再费时费力试穿搭配,线上用户也不再担心服装的试穿效果,只要消费者站在"魔镜"前,轻轻一挥手,就能在你身上任意搭配衣物、鞋帽,省去脱衣试衣的麻烦。在手机上,把模特的身高、体重、发型、面貌设置成自己,可以穿上各种漂亮衣服走 T 台秀,并对中意的衣服鞋帽,手机下单并支付。这样的购物是一个全新的体验,它将线上线下的客户同时服务到位。"魔购"百货的出现无疑是在服装销售行业具有里程碑意义的科技创新。

趣搭网络科技公司的创新成果现已得到了行业主流的认可。在 2014 年中国企业领袖与媒体领袖年会上,趣搭科技公司凭借一系列科技创新项目勇夺"年度创新品牌大奖",这是在年会现场唯一获得"年度创新品牌大奖"的企业。2015 年,趣搭科技又将全新的 O2O 运营方式拓展至全国市场。趣搭科技的负责人表示,公司一直致力于打造 O2O 创新的服务模式,本次获奖是对趣搭科技此前一系列科技创新探索的肯定,未来趣搭科技还将持续为客户带来更完美的科技服务体验。趣搭科技认为,虚拟技术将成为今后消费者决定购买的关键,移动支付系统将与终端、体验媒介进行直接连接,使整个服装行业进一步得到优化。这与央视的评论如出一辙:"移动终端从此将在服装行业里充当重要角色,时尚现代的穿衣理念借助现代技术传播,使创新、创意再一次成为促进行业发展,提高供给侧的重要因素。"

经查询,2013 年 10 月 23 日发布的一则国家专利公告,申请(专利权)人:上海趣搭网络科技有限公司,发明(设计)人:吕晟珉,陈黎明,覃兆梅。公告展示专利内容为:"多层次虚拟服饰试穿的快速显示方法"。包括:创建网格人体模特模型并根据所述网格人体模特模型创建多层网格虚拟服饰模型;获取每一层所述网格虚拟服饰模型的网格及网格的顶点,生成每一层网格虚拟服饰模型的网格的顶点的一阶邻域表;将每一层所述网格虚拟服饰模型的网格的顶点按照预定的体素大小(Voxelsize)划分体素,生成每一层所述网格虚拟服饰模型的顶点的体

CREATIVE
ECONOMY
AND
MANAGEMENT
VOL.3 NO.1,
2017

115

素化（Hash）表；根据所述每一层网格虚拟服饰模型的网格顶点的一阶邻域表，以及所述每一层所述网格虚拟服饰模型的网格的顶点的体素化（Hash）表，按照从内到外的顺序对所述每一层所述网格虚拟服饰模型的网格的顶点进行遮挡检测；根据造成遮挡的顶点所在层的网格虚拟服饰模型的网格的顶点的一阶邻域表，获取造成遮挡的顶点的相邻网格；获取修正后的所述被遮挡的顶点的法向与所述造成遮挡的顶点的相邻网格之间的相交结果，根据所述相交结果对当前层的顶点进行消隐或挤压，并显示处理结果。

趣搭网络科技公司所拥有的具国际水平的可集成3D的试衣产品，可以自由穿搭，多终端展示，除了"魔镜"还有更大的屏幕显示，还有手机终端。覃兆梅说："我认为未来的入口主要是手机的终端。我们想把购物、娱乐、体验，以及各个消费体验的环节一一打通，使它们融为一体。本公司除了研发3D产品之外，有着自己相关的专利。"覃兆梅介绍：趣搭网络科技公司在2014年6月就和七匹狼启动了合作，把"魔镜"和七匹狼公司的链接打通，实现各个门店之间的货物标配，以及在线上订单，以此来解决传统的品牌和经销商之间的关系。另外，我们也与苹果和微软在国内开展了多项合作。这种模式就是我们通常说的O2O。我们研发了一个功能模块，通过这个产品的植入，可以非常精准采集到消费者的数据，然后做到单人单版，做到更精准的把信息送达给客户，以实现对购买者的精准营销。

2015年，第23届中国国际服装博览会在上海举办，这场服装行业的盛会汇聚了大量优秀的服装设计师，也吸引了各大媒体的广泛关注。当时央视就此次博览会中的互联网思维进行了详细报道，把消费者的思维与关注引向了服装行业的生力军—3D技术。央视的报道以"中国本土设计成为展会的亮点"为题，将趣搭魔购的3D试衣技术带到了大众的视野里。正如央视所言：趣搭科技

研发的趣搭"魔镜"，通过虚拟技术＋3D手段，量身打造虚拟试衣室，为消费者们塑造出立体、时尚的穿衣情景。当下，注重创新已经成为各大品牌的共识，虚拟技术产生的多样化搭配与丰富的服装款式让消费者对服装有了更多的想象力和可能性。参展的德国服装设计师也表示，中国的服装设计行业越来越成熟。伴随着行业成熟的背后，是国内众多诸如趣搭科技的创新驱动。中国，正从制造大国走向设计大国。

二、零售智能化，营销精准化

据中国电子商务研究中心数据统计：中国移动电商用户在2009年至2014年期间，从3600万人增长到5.32亿人，2015年增长到7.7亿人口。电商市场交易额从2009年的3.7万亿元，增长到2014年的13.4万亿元。无论用户量和交易量，都呈现飞速增长趋势。所以互联网经济将是未来十年的大势所趋！另据零售行业资深人士介绍，国内科技快速化发展带来非常巨大的变化，如何快速应对市场需求是每个传统的零售企业必须面对的重要问题，而通过创意的精准定制技术与创新的全新营销方式，能够化解传统的营销模式弊端，能够使零售商减轻经营压力，从而能从传统的经营模式中解放出来。

2014年成立的趣搭魔购百货，其全新的商业模式，彻底颠覆了传统的经营方式。在2015年4月举办的中国零售地产行业发展论坛上，趣搭科技宣布将借助电商之势加速发展，引领行业进入轻智能消费时代。趣搭科技所引入的是国际化终端购物体验模式，趣搭科技创意产品"魔镜"如今已与国内多家零售企业携手，突破了中国传统零售行业消费体验的束缚，进入了全新互联网移动新时代。趣搭网络科技公司提出的"智能化零售模式＋移动互联网布局"的战略与"互联网＋"不谋而合。其倾力打造的魔购百货，经过一年的互联网经营及转型战

116

略发展，已经领先业内，率先步入"互联网＋"时代，成为业内领军企业。

趣搭科技在设计上，更精准地定位客户群体，让平常难以实现的客户群体细分问题也得到完美解决。更让人放心的是，魔购百货是搭载于全新智能的、方便智测易控的定制化设计。用户在手机上可以选购产品，客户同时还可以通过 APP 实时查看产品效果，让"营销"更智能，定位更准确。

覃兆梅说：在传统的互联网当中我们看到的可能是一张图，可能是对这个产品的介绍，而在我们魔购百货要做到的是可以看到这个红酒的葡萄是长在哪里？酒庄是什么样的？看到一件衣服可以看到这个衣服的产地，喝到牛奶可以知道牛奶产自哪里。覃兆梅介绍，我们 2014 年组建了魔购百货，主要销售女装、男装、母婴、配饰、高端定制、品牌眼镜，以及皮具类（包括皮包、皮鞋、皮带以及皮夹子），现在已经扩展到旅游、房产。我们让奢侈品降价的同时，着力扶持自己的民族品牌，特别是一些优质的地方土特产，我们要让他们走向世界。我们走的是快进店商的模式，当你在实体商场有了一面"魔镜"之后就相当于有了这些奢侈品的代理权，而价格只有实体商场的 5 到 8 折，比天猫直营和京东自营都有优势。魔购百货打造跨界经营，让实体店以非常低的成本合作，直营各类奢侈品、生活用品、进口食品、国内土特产和品牌服装；还可以卖汽车、房产，甚至还有旅游等项目。

目前魔购百货商品种类主要分为吃、穿、用、玩 4 大类，与人们的日常生活息息相关。

第一大类，吃：生鲜食品、饮料酒水、米面杂粮、中华老字号、名优土特产、进口食品、冲调类和进口婴幼儿食品。

第二大类，穿：男女上衣、裤子、裙子、套装、内衣、鞋子、袜子、包包、配饰、首饰、礼服、旗袍、皮草、婚纱、工作服等，可提供私人量身定制。

第三大类，用：护肤品、美妆、口腔护理、洗衣类、厨房类、居家日用、进口婴幼儿用品等。

第四大类，汽车、旅游房产、电子玩具和高科技用品，以后还有留学移民、海外医疗服务等。

奢侈品专区：商城奢侈品专区商品绝对保真，由保税区仓库直接发货，价格超级便宜，免去人们找人从国外代购之苦。

入驻品牌有 LV、香奈儿、阿玛尼、马克华菲、miumiu、积家、菲拉格慕、芬迪、酷奇、PRADA、杜嘉班纳、蒙特伦斯、衣如意、蒂卡西、大卫杜夫、法国玖玖、卡特、宝凯、宝铂、巴利、宝格丽、蔻驰、思琳、七匹狼、欧莱雅、南极人、羽西、依云、喜美滋、雪豹、兰蔻、花王、卫士嘉盾、美宝莲、佰草集、碧欧泉等众多国际国内知名品牌。品牌入驻顺序：先是轻奢品，再是国内一线，最后入驻大众化商品。

面对东北市场，魔购百货还组织了大量的皮草，这些皮草也适合在实体商场里面销售，这些皮草还可以换货。貂皮大衣可以做到 2300 元的售价，在东北的市场销售前景良好。目前魔购百货商品种类精选了 1000 多个品种，今后将拓展到上万个品种。

三、创新经营模式，重建商业生态

魔购百货在创建过程中认识到，商业模式创新对企业的发展有着至关重要的作用。一个企业的商业模式，决定了这个企业未来的发展。目前商品社会，有的商家缺乏诚信，导致假冒伪劣比比皆是，消费者很难对鱼龙混杂的商品做出判断，而大多数假冒伪劣产品不但漏逃税款，还对人们的身体和社会环境造成巨大危害！覃兆梅总经理率先喊出：一人诚信一人立，天下诚信天下兴！魔购百货，只卖真货！

魔购百货认为，淘宝的成功，是时代的产物；淘宝现在的困扰，是商业模式造成的瓶颈。众所周知，淘宝采用

CREATIVE
ECONOMY
AND
MANAGEMENT
VOL.3 NO.1,
2017

117

的是 C2C 模式,即个人到个人。淘宝上数百万商家,各自搜集产品在商城销售,人们的素质不同,因此,为了生存,为了谋利,总有人会铤而走险,出售假货。这个问题困扰淘宝多年,年年打假,年年有假货。这就是商业模式决定的。很多做代理的企业老板,靠从厂家进货卖给下家,赚取差价。从厂家进货时要现款,为了完成任务拿到返点要压货;卖给下家,又得给点账期,因此搞得资金非常紧张。加上竞争大,各方杀价,利润越来越低,老板忙乎一年,最后发现没赚到什么钱,还特别累。这种商业模式也决定了这样的企业很难做大做强。实体店铺的老板,往往盈利点比较单一,行情好,赚钱多,一旦行情有变,生意惨淡,想不出别的办法,只有慢慢煎熬,熬不下去时,只好关门。当年在瑞星、卡巴斯基、金山毒霸等杀毒软件公司靠出售杀毒软件盈利的时候,360 免费杀毒软件问世,导致上述三家公司全部死掉。道理很简单,当你用来盈利的商品,别人在打折甚至免费赠送的时候,你怎么可能赚到钱呢? 因此,魔购百货从中吸取教训,为实体店铺补充一个盈利点,采用了实体店铺加盟魔购百货商业模式,相当于在店内又开了一个百货商城,可以挣跨界的钱,甚至可以做到店铺少赚点钱,靠网上商城消费多赚点钱的策略。待网上商城盈利超过实体店收入时,店铺甚至可以低价促销,把它当成一个吸引人流量的窗口,以确保 魔购百货在竞争中立于不败之地。

覃兆梅的经营理念是:让消费者能买到货真价实的东西,享受足不出户就能购物,下单即可送货上门的方便,又不失购物的乐趣。同时让加盟商拥有投资性收入,不再被日常经营困扰,工作只需要一部手机,能让加盟商在旅游中工作,在工作时旅游,尽享美好人生。魔购百货在对未来的发展计划及项目规模上有着明确目标和规划,趣搭科技三年内在全国催生 100 亿市场,2018 年实施 IPO,2020 年达到 1000 亿市值。

趣搭魔购百货在商业模式上与其他网上商城有着不同的经营模式和营销方式。

首先在吸引客户方面,趣搭魔购百货非常注重对客户群的拓展和吸引。普通商城模式是:整合商品,通过广告等吸引客户注册消费,商城从中获得商品差价。趣搭魔购百货商业模式是:整体商品搭建商城,发展店面加盟商,给加盟商提供"魔镜"放于店内,吸引客户扫描二维码注册和消费,通过滚雪球的方式拓展消费群。趣搭模式的优点:加盟商数量庞大。通过每个加盟商大量吸粉,达到粉丝数量庞大的结果。每个加盟商维护好一批粉丝,粉丝与商城黏度增强,购买力增强,商城商品销量增强,厂家支持增强,商品竞争力增强,加盟商收入同步增长。从中可以发现,魔购百货商城之所以能够超越其他网络商城,主要是魔购百货商城汇集了众多加盟商的资源与智慧,实现利益与加盟商共同分享。道理很简单,每一件事,关心和盼望其成功的人越多,其成功几率也就越大。同时趣搭商业模式,通过加盟商近距离维护粉丝,解决了很多商城与粉丝之间黏合度不够紧密的痛点。与其他商城相比,魔购百货商城由于加盟商的纽带作用,让商城与粉丝之间有了浓厚的人情味。

其次,在经营模式上,趣搭魔购非常注重对加盟商的"利益输送",做强加盟商,使加盟商"取之有道",获得较大利润。加盟商利润主要来自于客户的消费返利、介绍收入、广告收入等。加盟商把魔购百货提供的"魔镜"摆放于店内,利用魔镜的真人试衣功能,吸引客户进店体验,延长了客户进店停留时间。加盟商通过魔镜向客户展示商城产品,展示 3D 试衣功能,以引起客户兴趣。加盟商拿出手机,打开商城 APP,向客户演示手机购物界面和手机 3D 试衣效果,告诉客户只要注册并下载 APP,就可以在自己的手机上玩转 3D 试衣和购物。加盟商教客户注册并下载 APP,客户出于对试衣技术的好奇都会主动注册,因此加盟商吸引粉丝注册是比较容易的。

与此同时,加盟商把趣搭魔购"魔镜"摆放在加盟商的店铺之内，会显示一个二维码，供客户扫描注册，用手机上网在商城购物，二维码与"魔镜"唯一对应，"魔镜"将拥有一个"魔镜"后台账号，商城的后台系统将自动把这些客户划分为该店主的客户，形成绑定。登陆后可以查看有多少人已经在自己的"魔镜"上注册成功，能看到注册者的手机号；能看到注册者何时购买了什么商品，消费了多少钱，自己能返利多少；能看到每件商品的进货价和销售价；能看到每个月的消费明细和利润明细。所有数据系统自动生成，返利自动结算，避免人工计算出错。以后这些客户在商城购物所产生的 40% 利润系统将于每月 15 日左右自动返还到店主提供的卡号内。

为此，加盟商非常注重对客户的拓展。商城只提供"魔镜"注册方式，不开放网络注册途径，注册时只能用手机号注册。加盟商通过后台注册信息，可获得客户手机信息，可添加客户微信，组建一个粉丝微信群。平时加盟商可发起抢微信红包游戏，让粉丝活跃起来，慢慢熟悉。熟悉之后，可以经常组织粉丝举办一些小聚活动，比如聚餐、郊游、打球、打牌、喝茶聊天等。加盟商由此构建起了自己的人脉圈，使消费群如滚雪球般越来越大。在这种模式下，虽然魔购商城商品品类繁多，但坚持对供货厂家严格筛选，保证质量，假一赔三，送货上门，价格不高于任何正品渠道商城。商城还经常联合厂家推出爆款商品。加盟商可以将爆款商品介绍给粉丝微信圈好友。在商品质量一样、价格一样、常有爆款的情况下，加盟商微信圈的朋友就算看在加盟者本人的面子上，也会选择在本商城购买而不会去其他商城购买。趣搭魔购现在在全国的加盟商预计达数十万之众，每个加盟商平均吸粉数千人，粉丝总量将达到数亿；并且粉丝与趣搭魔购商城的黏度高，购买频率也高。像这样的商城，哪个厂家不重视？哪个厂家会不大力支持？因此，趣搭魔购商城的商品竞争力会越来越高。

四、加盟趣搭魔购，成就事业梦想

覃兆梅指出：在大众创新、万众创业的年代，要想紧跟大趋势，寻找优质项目合作，首先要掌握全新的经营模式和精准营销方式，站对"互联网＋"的队伍非常重要。"

魔购百货几年前就开始布局，目前在 28 个省市启动了项目。现在，趣搭魔购百货正在拓展中招兵买马、挖掘人才，招聘魔购百货地区总代理及各层级人员。魔购百货介绍，作为魔购百货的地区总代理，魔购公司有着以下优势：①不用垫资，没有应收款，现金流很好。②不用多方通关系，不用天天应酬。③交易简单，不用操心受累。④利润高，没有价格竞争，日后利润不减反增。⑤先苦后甜，越往后做越容易，最终实现财务自由。至于有实体店铺或有实体店铺资源的个人或企业，以及想成为魔购各个层级的人员及创业者，可以依托魔购百货全新的经营模式和精准营销方式，实现携手趣搭共创伟业，加盟魔购成就梦想。

据魔购百货介绍，要成为趣搭魔购加盟商，店主只需交纳加盟费及购买一台 3D 试衣"魔镜"就可成为魔购商城的加盟商。3D 试衣"魔镜"（简称"魔镜"）是一台高大上的触摸显示屏，外形酷似广告机。通过"魔镜"可查阅商城里的商品，可体验 3D 试衣技术和真人试衣功能。通过"魔镜"提供的真人试衣功能吸引客户进店。真人试衣技术——人体站在"魔镜"前，通过摄像头抓取人体影像，并投射到屏幕显示，通过手臂轻轻挥动，即可试穿各种衣服。此功能可以吸引人群进店，可增加进店人员的停留时间，为店家与客户提供更多的人流和交流机会。还可以运用手机 APP 和 3D 试衣技术，通过 3D 建模，在手机 APP 上建立一个模特，模特的性格可以选择，模特的身高、体重、胸围、腰围、腿长、臂长、腿粗、臂粗等数据可修改成真人的身材参数，模特的发型肤色等容貌特征可依

CREATIVE
ECONOMY
AND
MANAGEMENT
VOL.3 NO.1,
2017

119

自身条件设置,可为客户体验网上试穿衣服的乐趣并发送给朋友分享喜悦,并以此技术亮点吸引更多客户注册,使加盟商获取更多消费返利。加盟商还可以通过其他店铺资源,或者帮助公司寻找和推荐合适的店铺作为加盟商出售"魔镜"的,可以获取分销利润。

覃兆梅介绍,目前加盟魔购百货的费用随着市场的推进,呈递增趋势,预计一年后的加盟费将达到 30 万以上,现阶段是最优惠的时机。魔购百货收取加盟费有一个演变过程。在魔购百货商城上线运营之初,为加快切入市场的速度,趣搭公司采取的是找店家免费铺设"魔镜",由店家引导客户注册,产生的利润与店家分成的模式。但问题出来了:"魔镜"很快铺下去数百台,刚开始还有点注册量,过了不到一个月,新增注册量越来越少,更谈不上消费增长。经了解,原来店家过了几天热乎劲后,把机器放一边不管了,别说引导客户注册,有时连机器都没开,设备脏了坏了没人管。究其原因,根源在于由于店家没花钱,也就不关心使用,结果是吸引不到粉丝,产生不了消费。这就是人的惰性所致。因此,才改成了现在的模式,找有意愿的店家加盟,给予更高的利润分成,共同努力,共享成果。

经典案例一:

吉林王先生开了一个洗车店,经营几年,有了一点存款,想再开一家洗车店,算算店面转让费、2 个月押金、6 个月租金、简单装修、请工人等费用,发现资金不够。新开一家店,投入这么大,能不能像现在这个店这样赚钱,王先生心里还没底。2014 年 11 月份,王先生无意中了解到趣搭招商项目,抱着试试看的心态,加盟趣搭。此后王先生在客人进店洗车等待、闲着无聊的时候,把客户带到"魔镜"前,真人试穿衣服,再让客户注册,下载一个 APP 到手机上,把手机上的模特设置成自己的身高、体重、三围等,然后给模特试穿商城上的衣服,让客户玩得很开心,感觉等待的时间也过得飞快,客户还觉没玩尽兴,车

就洗好了。因此没几天就吸引了近百人注册。最意想不到的是,仅仅 14 天的时间,王先生的这些注册客户竟然购买了 30 多件貂皮大衣。王先生通过账户后台看到,有些客户竟然买了好几件,加上售出的其他商品,让王先生半个月挣的钱比洗车店一个月挣的还多。

经典案例二:

江西饶女士在小区开了一个小卖部,靠卖点烟酒饮料等勉强维持生计,一年下来挣不到什么钱,还得天天守在店里抽不开身。为此尽管很苦恼,但也没想到其他赚钱的好办法。后来接触到趣搭这个项目,下定决心买了一台,在小店里挪了一点点地方,靠着墙边勉强把机器放下。客人来买东西时,饶女士就让客户注册。之后按趣搭顾问的指导,建了个微信群把这些人全拉了进来。一来二去,小区的很多人通过饶女士建立的微信群,竟然都混熟了。以前同住一层楼都不认识的人,现在隔着几栋楼都去串门。大家很认可饶女士做的这个事情,到饶女士小店光顾的小区居民也越来越多。有时客人遇到家里有事走不开,没时间到小店购物,就给饶女士发个微信,饶女士就安排人送货上门。慢慢的,小区居民家里吃的、穿的、用的东西,只要能在网上买的,就在饶女士的这个网上买,为了回馈大家,饶女士将店里的商品卖得比外面便宜一点点,比如 21 元一包的烟,她只卖 20 元,这样更获得了大家的认可。由此,饶女士的收入比以前高了很多倍。收入多了,心情好了,有时干脆把小店一关,拉着老公、带着儿子,到处旅游去了。遇到漂亮景点,拍两张照片,发到微信群里,和大家随时保持互动。旅游回来,给大家带点特产品尝,生活的幸福感油然而生。

经典案例三:

江苏的陆先生是一家理发店老板,在他理发店的不远处,还有一家理发店,两家店的收费水平和技术水平相当。但由于那家的位置相对较好,陆先生店铺的生意总是稍逊一筹。有时来了客人,遇到店里生意好,忙不过

120

来,客人就去那家店消费去了,陆先生很是无奈。一个偶然的机会,陆先生接触到趣搭这个项目,选择了加盟趣搭魔购百货商城。陆先生收到"魔镜"后,将"魔镜"摆在店门口,路过的客人被真人试衣功能所吸引,纷纷围观,此事马上就在附近传开了,不少客户借剪头发之机过来体验。理发师忙不过来时,陆老板就让等候的客人先体验真人试衣,同时安排服务员引导客户注册,下载商城 **APP**,在手机上玩耍 **3D** 试衣,同时教会客户如何在手机上下单购物。很多客户在店内注册成功后,马上就产生了购买。轮到自己理发时,边剪头发还在边玩手机。剪完头发开开心心走了,竟然没有因为等待而产生不快,陆老板的生意很快就红火起来。

互联网是一个造就神话的行业,其收入很难估量。加盟商通过粉丝消费返利所获得的投资回报,取决于吸收的粉丝数量和粉丝的消费能力。粉丝数量越多,粉丝经济实力越强,粉丝网购爱好越大,则加盟商的收入会越高。商城只能保证商品有竞争力,粉丝的吸引和消费,需要加盟商做好维护和推广,把这些老客户全部激活。如果加盟商能吸引到 3000 粉丝注册(平均每天不到 10人),依中国电子商务研究中心数据,网民 2014 年的人均购物约 3500 元,营业额达到 1000 万元以上,则加盟商的年收入在 100 万元左右。如果加盟商交纳一定保证金,成为趣搭魔购的分销商,获得招商资格,则收入更可观。

未来的世界,是"互联网+"的世界。未来的竞争,不再是产品的竞争、渠道的竞争,而是资源整合的竞争,是终端消费者的竞争。谁能够拥有资源,拥有消费者,不管消费什么产品,都能够盈利。

故事讲述人　覃兆梅

故事采写人　张伟刚

责任编辑　　詹东新

[创意活动]

CREATIVE
ECONOMY
AND
MANAGEMENT
VOL.3 NO.1,
2017

121

众筹创意·共享互联·服务社会
——2016 年上海世界创意经济峰会国际论坛顺利举办

在创意经济时代,思维和观念就是一种战略资源。创意经济的国际引领价值,以及中国创意创新双轮驱动的发展战略定位,彰显了创意经济在国家发展战略中的重要地位和价值。为了传播东华大学旭日工商管理学院的学科影响力,服务社会,创意经济与管理中心自成立以来,依托编发《创意经济与管理》出版物,在汇聚展示推介创意经济理论与实践成果的同时,以创意的无边渗透、国际交往、创意城市协同发展为基础,搭建起一个服务社会,推动政产学研用在创意经济方面共享协同的平台。创意经济与管理中心的工作使命在于,不断打通创意经济资源在或区域性、或国际性的交流合作,以创意为引擎,以互联网和金融为两翼,策动城市发展特色化、产业发展智能化、旅游提升智慧化的创新服务,努力将创意经济智力资源对接落地国家战略并转化服务社会的成果。有鉴于此,作为中心打造的一项品牌活动——上海世界创意经济峰会,2015 年在东华大学的成功举办,得到了政府、学界、产业界、企业家等多方面人士的认同与响应。

为了进一步拓展创意经济智力知识服务社会的功能,提升学科影响力,创意经济与管理中心的工作主旨得到了上海市政府合作交流办的肯定和认可,并将长三角创意经济合作专业委员会秘书处设在东华大学。作为长三角创意经济合作专业委员会的核心工作执行主体,创意经济与管理中心在 2016 年的工作重心侧重于服务长三角,即立足长三角创意经济城市集群建设,结合各城市创意经济发展的实际需要,深化长三角文化创意产业合作,提升长三角区域创意经济产业的综合竞争实力。为此,结合长三角城市发展的诉求对接国际资源,展示上海城镇化发展的典型经验,我们策划了"互联创意、共享众筹"为主题的 2016 年上海世界创意经济峰会。

第十一届全国政协副主席、"创意经济之父"厉无畏教授,担任《创意经济与管理》出版物的名誉主编,并积极鼓励创意经济与管理中心通过打造政产学研用五位一体的创意经济资源共享的平台推动创意思想在国家创新活动中 的智力开发、活化传统乃至拓展经济价值的功能。厉无畏教授,在听取了峰会筹备小组的工作汇报后,亲自签署了对于比利时西弗兰德省市领导的邀请函,促成了创意经济资源国际交往与合作。

2016 年上海世界创意经济峰会开幕式及主体论坛于 2016 年 10 月 29 日在上海市嘉定区南翔镇智地企业总部园顺利召开。出席论坛的参与人员有政府治理机关委办领导,产业园区的经营管理者,来自学界的国内外专家,及文化创意、设计创意、城市创意、科技创意等不同领

122

域的业界代表,同时还吸引了大量通过微信报名的猎头、中介、投资机构的代表参加。与会代表涉及政产学研用各个方面。这是东华大学创意经济智力服务走出校园,整合资源服务社会的一次积极探索,同时通过开放、包容、多样化的沟通、交流、展示的活动创意诠释了"互联创意、共享众筹"的内涵,并向与会的社会各界展示了东华大学相关学科服务社会的能力与学科影响能力。

本届峰会开幕式和主论坛由长三角创意经济合作专业委员会秘书长、上海市创意产业协会创意经济专业委员会主任、东华大学旭日工商管理学院副院长沈蕾教授主持。第十一届全国政协副主席、"创意经济之父"厉无畏教授向大会发来了贺信。比利时西佛兰德省副省长,中华人民共和国商务部电子商务和信息化司聂林海司长,第十届上海市政协副主席,上海市创意产业协会执行会长王荣华先生,上海市人民政府合作交流办公室姚新副主任,东华大学副校长陈革教授,上海市商务委电子商务处陈晓明处长,上海市人民政府合作交流办公室区域合作处程建新处长和周立副处长,上海市嘉定区南翔镇人民政府党委书记严健明、副镇长张军等各界同仁出席了开幕式。出席开幕式的还有来自美国马里兰大学、比利时安特卫普大学管理学院、澳大利亚南澳大学管理学院、意大利博洛尼亚大学的学界专家,以及来自比利时的业界代表,来自长三角 20 多个城市的业界代表以及来自长江经济带的代表城市业界代表,微信报名的业界人士也出席了开幕式。

峰会国际论坛由主论坛和三个平行分论坛版块构成。

首先在峰会开幕及主论坛上,中华人民共和国商务部电子商务和信息化司聂林海司长解读了国家"互联网十"战略,主宾方比利时西佛兰德省副省长介绍了主宾城市布鲁日在传统与现代对接方面的政府治理经验,来自比利时安特卫普大学管理学院的 Paul 院长介绍了双元

创新思想在破解企业或机构转型发展和创新设计中的功能运用方式,同时受未能亲自到会的布鲁日市长委托向大会发布了其欢迎中国城市与布鲁图城市合作交流的欢迎词。举办地上海市嘉定区南翔镇人民政府党委书记严健明先生致欢迎词,并由张军副镇长向国内外嘉宾介绍了南翔镇在挖掘和活化传统实现传统与现代对接方面的政府治理经验。作为主办单位东华大学副校长陈革教授向与会者介绍了东华大学秉承创意创新在多学科跨界融合方面所做的努力和探索,阐述了创意经济的发展对当今世界尤其是中国实现众享智造、智慧生活的重要性,并希望以创意为纽带链接对接国际资源的峰会国际论坛,能够将政产学研用五位一体的协同跨界的平台机制常态化,并以此为契机,加强各界的合作和交流,共同促进中国国家战略的落地。

其次,峰会国际论坛的三个平行版块各有特色,平行推进,顺利达成。

峰会分论坛之一为开放论坛国际板块,其主题为"玩转创意:传统与现代的完美对接"。该板块选择了上海市嘉定区南翔镇老街名士居为物理地点,呼应了本版块的主题。国内外嘉宾着力于就创意为引领挖掘并活化传统文化资源的政府治理、园区治理、企业治理的创新探索展开深度沟通交流,浙江丽水市松阳县王峻书记展示了文化引领下的乡村文明复兴之路。对接国际资源,美国马里兰大学、比利时安特卫普大学、澳大利亚南澳大学、意大利博洛尼亚大学等国际专家以及来自长三角创意经济合作专业委员会的会员城市代表 60 多人也汇聚于此共同就创意经济跨区域协同发展的路径方式进行了充分的交流。

峰会分论坛之二,是科创企业项目展示版块。本版块由南翔智地企业总部园科技 50 主导,来自园区、企业的代表、特别是优秀创意创新的企业家参加了开放论坛科创板块的分论坛活动,围绕"众创智造,创意共享"的主

CREATIVE
ECONOMY
AND
MANAGEMENT
VOL.3 NO.1,
2017

123

题举行了项目路演活动。东华大学创意经济管理中心牵头推荐的项目通过展示在南翔智地企业总部园落地。

峰会分论坛之三,是来自上海市创意产业协会的业界专家、学者们就"城市商业空间中的文化创意"主题举行了专题研讨。

以创意为引擎,活化传统、盘活存量、移植关系、打通合作交流机制,是智力服务的根本。2016 年 10 月 29 日,东华大学旭日工商管理学院创意经济与管理中心、上海市创意产业协会创意经济专业委员会以及长三角城市经济协调会创意经济合作专业委员会总体策划,依托东

华大学、上海市创意产业协会、长三角城市经济协调会等多平台的支持,展示了通过众筹创意、共享互联、服务社会的学科发展能力。本届峰会是通过整合国内外创意经济研究的高级智力资源,运用促进合作共赢的工作方式,通过打造政产学研用五位一体的创意经济资源共享的平台,努力促成了对接国家战略落地方面的多项成果转化,是东华大学创意经济智力服务城镇发展特色化、产业发展智能化、旅游开发智慧化等多方面的积极探索。

东华大学管理学院创意经济与管理中心供稿

124

"行走的文化"：长三角文化创意之都国际巡礼活动

丹麦是中国"一带一路"倡议中北欧方向的重要国家，2017 年正值中丹旅游年。"中丹旅游年"是中国与北欧国家举办的首个旅游年，这为中丹"民心相通"搭建了新平台，为中丹的文化和经济区域合作提供了新契机。

在这样的背景下，为进一步推进中国、丹麦旅游和文化交往向纵深拓展，2017 年长三角城市经济协调会创意经济合作专业委员会（CECC）对接丹麦中部区的区域和文化产业活动，着力打造品牌活动——"行走的文化"长三角文化创意之都国际巡礼活动。该项活动主要通过"创意＋文旅＋体育"的形式，面向以上海为引领的长三角会员城市，把文化特色、景点以及创新创业园区与优质的文创内容 IP 进行有效嫁接，着力通过地区创新能力评估、地区文化创意产业创意指数的表征，评选长三角文化创意之都。

"行走的文化"长三角文化创意之都国际巡礼活动旨在搭建促进国际创意城镇展示与交流的桥梁，挖掘和活化传统文化，传播创意产业化、产业智能化、城镇生活智慧化的经验、特色。"行走的文化"长三角文化之都国际巡礼活动拟选取各会员城市的特色景点、人文景观、建设成果等，设计文化巡旅路线，采用以文化为引领的各类赛事活动，挖掘、传播乃至提升长三角会员城市形象。

"行走的文化"长三角文化创意之都国际巡礼活动不仅关注活化创客空间的创新创业能力，而且还可以借由国际文化创意巡游赛事的定向特征为入选的城镇提升传播力，从而助力长三角地区优质文旅资源"互联互通、价值共享"的一体化战略实施，并创意性地在共享经济视阈下推进我国非物质文化遗产保护与传承。"行走的文化"长三角文化创意之都国际巡礼活动作为动态可持续可复制的文化活动，以点、线、面的方式定制铺开，以半年为一个周期，通过滚动计划方式推进执行。欢迎长三角城市经济协调会各会员城市相关委办推荐或参与筛选。

CECC 秘书处供稿

［创意活动推介］

CREATIVE
ECONOMY
AND
MANAGEMENT
VOL.3 NO.1,
2017

125

长江三角洲城市经济协调会　创意经济合作专业委员会（CECC）简介

长江三角洲城市经济协调会创意经济合作专业委员会（CECC）是在长江三角洲城市经济协调会办公室直接领导下，并在以上海为龙头的城市群建设中，对接国家"互联网＋"和长江经济带战略，对接上海科创中心战略，以创意为引领、以"互联网＋金融"为两翼动力源，开启双创模式，探索在"互联网＋"下长三角一体化联动发展的共享协同机制的机构。

中文名：长江三角洲城市经济协调会创意经济合作专业委员会
外文名：Yangtze Delta River Creative Economy Cooperation Committee
常务主席方：上海市
常设联络处：上海市人民政府合作交流办公室
简称：CECC

一、成立背景

长三角城市经济协调会创意经济合作专业委员会是经长三角城市经济协调会第16次市长联席会议上批准成立的区域性创意经济合作组织，致力于集聚30个城市的创意产业力量，着力为长三角地区的创意产业园区、创意产业经济打造协同发展、互惠合作的平台。2016年3月24日至25日，长江三角洲城市经济协调会（以下简称"长三角协调会"）第十六次市长联席会议在浙江省金华市召开。来自长三角协调会30个成员城市的市长出席会议。国家发改委等有关领导，浙江省政府有关领导，沪、苏、浙、皖三省一市发改委和经合（协作）部门领导，长三角协调会成员城市发改委、经合（协作）部门领导，泛珠三角、环渤海区域合作组织代表，长三角协调会专家咨询委员会、专业委员会和专课题部分代表参加会议。本次

会议以"'互联网＋'长三角城市合作与发展"为主题，围绕会议主题，各成员城市市长分别在市长内部会议和市长高峰论坛进行了深入讨论交流。会议审议通过了《长江三角洲城市经济协调会2015年度工作报告》《长江三角洲城市经济协调会2015年度经费决算报告》，并共同签署了《长江三角洲地区城市合作（金华）协议》。为推进城市合作，会议批准成立了长三角城市经济协调会创意经济合作专业委员会。

二、组织机构

创意经济合作专业委员会是经长江三角洲城市经济协调会市长联席会议批准设立的区域性专业类政府间合作机构。根据市长联席会议要求，本专委会将在长三角协调会的指导下，在上海市文化创意产业推进领导小组办公室、上海市人民政府合作交流办公室、上海市经济和

126

信息化委员会的直接领导下开展工作,为长三角协调会会员城市推进创意经济合作发展提供专业性服务。

创意经济合作专业委员会共设有三位主任:上海市文化创意产业推进领导小组办公室副主任陈跃华、上海市人民政府合作交流办公室副主任姚新、东华大学副校长陈革,共同协商指导专委会的各项工作;三位秘书长:上海市经济和信息化委员会都市产业处处长刘波英,上海市人民政府合作交流办公室区域合作处处长程建新,上海市创意产业协会创意经济专业委员会主任、东华大学旭日工商管理学院教授沈蕾,共同协商负责专委会各项工作的执行和推进。

创意经济合作专业委员会秘书处是专委会各项事务执行层面的组织机构,由沈蕾秘书长负责主持秘书处的各项日常工作。秘书处下设专委会办公室、秘书联络处、市场联络处三个常设机构。在工作的具体推进上,专委会聘请上海市创意产业协会创意经济专业委员会秘书长王千红任创意经济合作专业委员会常务副秘书长,主管专委会日常办公室工作,负责上海世界创意经济峰会国际论坛的筹备,以及《创意经济与管理》的出版和发行工作;专委会聘请上海市创意产业协会创意经济专业委员会副秘书长李义敏任创意经济合作专业委员会副秘书长,主管秘书联络处工作,目前居中对接各会员城市文创办等对口职能部门,推进长三角各会员城市创意经济产业的区域化合作;另外专委会还聘请若干国际大区的市场联络处总干事,如欧洲事务总干事、北美事务总干事等,协助秘书处在欧洲、北美及其他范围内吸纳和集聚创意经济的优质资源;专委会聘请田佳勉博士任办公室主任,负责专委会的各项行政事务。

三、指导思想

发展定位:长江三角洲城市经济协调会创意经济合作专业委员会在以上海为龙头的城市群建设中,对接国家"互联网+"和长江经济带战略,对接上海科创中心战略,以创意为引领、以"互联网+金融"为两翼动力源,开启双创模式,探索在"互联网+"下长三角一体化联动发展的共享协同机制。

发展主题:互联创意、共享众筹

发展路径:一平台、两基点、三领域

四、发展愿景

坚持科学发展观,立足经济发展新常态和建设"一带一路"经济区战略大背景,在建成全球科创中心战略思想的引领下,并为了贯彻落实《"互联网+"长三角城市合作与发展共同宣言》,本专委会将梳理文化创意在提升城市经济发展中的经济价值,问诊上海和长三角各城市在产业转移和转型中的市情,对接国际资源,协同中国、甚至国际一流创意经济专家学者的智力资源,在合作模式、服务手段等方面探索尝试,系统推进长三角会员城市在创意经济方面的合作、创新和发展,并为长三角打造有国际影响性的创意经济城市集群提供服务。

五、工作规划

创意经济合作专业委员会(CECC)围绕"一平台、两基点、三领域"的工作目标,将通过构建三大平台和重点开展四项工作,致力于长三角领域内包含时尚、科技、文化、经济与城市协同共融发展的创意产业核心战略推进,从而扎实促进和提升长三角、甚至中国创意经济产业的合作水平。

(一)打造一个综合性平台:峰会、创意云、智库

1. 构建国际性的创意经济交流平台。通过筹建长三角非物质文化遗产资源库、上海世界创意人才联盟、厉无

CREATIVE
ECONOMY
AND
MANAGEMENT
VOL.3 NO.1,
2017

127

畏创意经济与管理研究中心、上海世界创意经济峰会国际论坛、长三角创意经济互联互通云平台,编发《创意经济与管理》读物,发现并组织问诊长三角各会员城市现有产业的发展现状和切实需求,促进各会员城市之间以及与国际知名创意城市之间的合作交流,并提供创意经济发展的最新动态资讯。

　　2. 搭建无边界的创意经济共享平台。根据各会员城市实施转型升级发展战略的需要,借助于"互联网十"的发展战略,一方面梳理和总结以上海为代表创意城市的精品文创项目资源,寻找其复制和推广的关键点,另一方面又对各会员城市现有的传统产业进行重新评估和定位,分析其产业转型的时机和条件,并规划相应的"创意十"转型路径;同时,还以上海创意产业协会、比利时以及荷兰等国际创意城市所拥有的优质创意资源作为纵向坐标,以上海为代表的长三角各会员单位城市的精品创意资源作为横向坐标,依据科学评估后的转型规划为会员城市对接具体的创意项目资源,从"互联网消费共享的行为研究"为切入点策动其进行创意生产供给端的转型与升级。

　　3. 完善专业性的创意经济服务平台。梳理和整合长三角各会员城市与文化创意产业有关的部门、协会以及企业等组织机构,组建长三角创意经济合作联盟,并根据合作意愿将有关组织机构纳入到上海市创意产业协会创意经济专业委员会的会员单位中,从而通过"以小促大"的管理模式更好地为长三角创意经济区域合作提供服务;还将建设厉无畏创意经济与管理研究中心,根据各会员城市的人口规模、园区资源、地域优势、道路状况等市情信息,为其开发科学的创意转型发展观测指数,协助会员城市构建创意发展层级管理体系,从而提升其创意资源匹配对接的成功性。

（二）服务两个基本点：文化、经济

　　借助于创意经济资源库建设夯实"中国故事"和"中国创造"的战略支撑点。选择创意经济作为经济转型升级的突破口,这也意味着以上海为代表的长三角城市群将率先进行"中国制造"向"中国创造"的转变。好的创造来源于一个好的创意,而好的创意又来自于一个好的故事讲述。讲好中国故事,包含两层含义,一是讲好的故事,二是把故事讲好。而筹建长三角非物质文化遗产资源库正是为了寻找好的故事,上海世界创意人才联盟的建设却是为了寻找把故事讲好的人;在此基础上,还将构建《国际创意经济项目经典案例集》,总结世界范围知名的创意经济项目成功经验,并力争转化为一整套可复制执行的项目运作方案。

（三）聚焦三个领域：创意时尚、创意科技、创意文化

　　1. 借助于创意时尚的发展战略促进长三角服装产业"时尚"改造。创意时尚化、时尚创意化;这意味着"时尚"的概念不仅仅局限于服装单个行业,它应该涵盖与个人生活方式有关的一切生活领域。借助于创意时尚的发展战略,依托于中国纺织工业联合会等合作机构所拥有的产业资源,根据会员城市合作意愿对相关的服装产业进行深度调研,科学地分析和评估其服装产业发展的优势和劣势,并从可穿戴等大时尚产业链的角度设计服装产业的改造路径。

　　2. 借助于创意科技的发展战略促进长三角制造产业"智造"升级。科技生活化、生活科技化。而"创意科技"正是为"科技"与"生活"之间的平衡找到一个新颖、趣味的产业视角。借助于创意科技的发展战略,依托于东华大学等合作机构所拥有的设计资源,并通过筹建长三角创意经济互联互通云平台,将根据会员城市合作意愿组织专家对相关制造产业的发展进行重新的规划和设计,以创意生态链的思想协助其完成传统制造业的智能化升级。

　　3. 借助于创意文化的发展战略促进长三角旅游产业

128

"智慧"传播。旅游概念化、旅游智慧化。这意味着旅游带给旅游者更多地是一种"文化概念"的智慧生活体验。借助于创意文化的发展战略，依托于以上海、杭州、南京为代表的长三角各会员单位城市所拥有的精品旅游资源，以"江南印象"为概念主题探索长三角旅游产业区域性合作的新模式，并借助互联网等信息智慧技术对会员城市独特的旅游项目进行国际性的"文化讲述"，从而推动其更好地走出去。

CREATIVE
ECONOMY
AND
MANAGEMENT
VOL.3 NO.1,
2017

129

《创意经济与管理》征稿启事

一、《创意经济与管理》定位

创意改变中国是"创意经济之父"厉无畏教授（第十一届全国政协副主席）提出的理念。创意经济的核心在于提炼挖掘观念价值在创新驱动发展中的功能。本出版物立足于创意引领下的创新驱动经济发展的战略背景，挖掘观念价值在传统产品、商业模式、各类产业以及资源转化过程中的经济价值，展示创意带来的融合创新发展机会，以及由此而引发的生活方式的变革。文稿可以是创意经济内涵与价值的理论研究或应用分析，也可以是创意和时尚管理的研究报告或经典管理案例，本出版物希望通过汇聚创意资源、展示创意成果打造传播创意与时尚的术与业、学与道、理念化与产业化等融合交流展示的平台。

本出版物由厉无畏教授担任学术顾问委员会主席并亲自担纲主编。采用国际大 16 开版本，公开发行，并通过多渠道派送进行传播。

二、出版物的基本要求

本出版物长期向社会各界征稿，只要契合本出版物定位，欢迎社会各界广泛投稿。基本要求：

◇ 理论稿：规范参见《创意经济与管理》投稿须知。

◇ 实务稿件：要求言之有据。研究报告和实务稿件就完成案例或调研发生的时间、地点、参与人员等信息准确，技术路线清晰，报告或案例涉及各类信息无权责纠纷，要求来源可靠。编引格式参看投稿须知。

◇ 企业案例：提供的数据信息获得授权和图片无版权纠纷。

◇ 国际稿和国际编译稿获得作者的邮件授权以供查核。

三、投稿地址和信箱

投稿地址：上海市延安西路 1882 号 东华大学旭日工商管理学院《创意经济与管理》中心

邮编：200051

投稿信箱：cefm_j@163.com